世界に通用する伝統文化
体育指導技術

TOSS体育代表
根本正雄

まえがき

平成22年3月、私は定年退職を迎えた。38年間、小学校教師として実践をしてきた。その中には多くの出来事があった。その記録を残して多くの方々のお役に立てられればというのが、私の願いであり本書を上梓するねらいである。

着任以来、私が行ってきたのは楽しい授業づくりである。新任1年目で6年生を担任した。日記指導をしていたが、ある子どもが「先生、勉強ができない」と書いた。勉強のできないのは自分のせいだと書いていた。新卒で指導技術のない私の指導が悪かったのである。私は深く反省した。

最初の校内研究会で国語の授業を行った。研究協議会で講師の先生から、「一番新しい先生が一番古い授業をしている」と言われた。自分では最新の教育理論、最新の指導方法で行ったつもりであった。それだけに、ショックが大きかった。

新任時代の二つの出来事から、子どもが分かる、楽しい授業づくりを目指した。何度も何度もチャレンジしたが、楽しい授業はできなかった。

ある日の子どもの日記に、「今日の国語の授業は楽しかった」と書かれていた。子どもはその理由も書いていた。それ以来、子どもの感想から楽しい授業づくりの原理を学んだ。

同時にすぐれた授業を参観し、すぐれた授業記録から学ぶ中で少しずつ原理を体得していった。それらの経過が本書にはまとめられている。

もうひとつ私が目指したのは、輝く子どもの育成である。目を輝かせ、生き生きと活動する子どもを育てたいと願った。教育の目的は人づくりである。生きていることに自信と喜びを持つ子どもを育てたかった。

学級づくりに力を入れた。子どもが生き生きと活動できるための仕組みを学び、実践した。学級の子どもが力一杯活動するなかで、互いに自己の可能性を実現していった。

学校教育で大切なのは、仲間との関わりである。自分一人ではできないことも集団の中でできるようになる。それらの実践が本書にはまとめられている。

最後は学校づくりである。学校教育の可能性に挑戦した。どのような教育が、どれくらいできるのかを明らかにしたかった。その結果、充実した実践をすることができた。校長の3年間で、2度の全国公開研究会を開催できた。全国の先生方に輝く子どもの姿を見ていただくことができた。

教育は学校だけではできない。保護者・地域の方々との連携によってできる。その実践の経過もまとめてある。本書を読み、これからの教育実践に役立てていただければ幸いである。

平成23年1月15日

根本正雄

目次

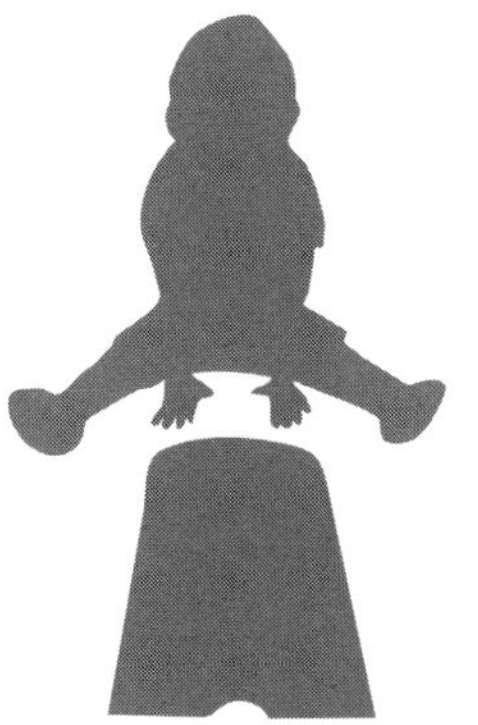

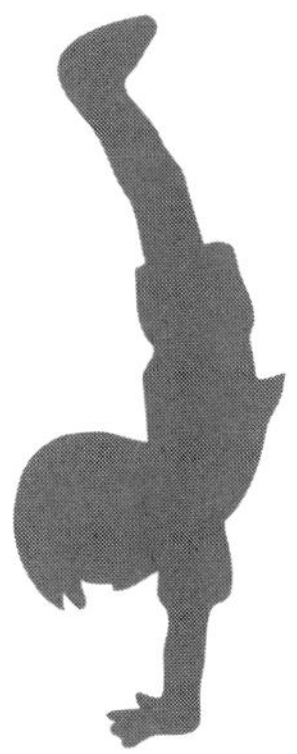

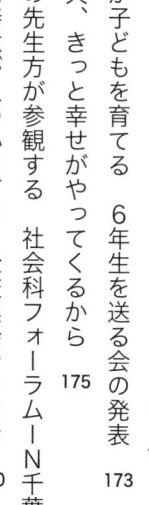

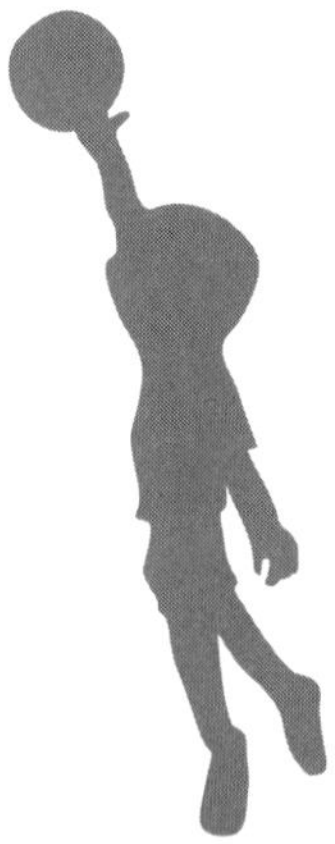

第1章

よさこいソーランを世界に伝える

インドネシア大使館で演舞した仲間たち

1　よさこいソーランの実践

(1) 輝く命の表現　元気の出るよさこいソーラン

よさこいソーランの教育的な価値は、不登校、いじめ、学級崩壊という問題に対して効果的な働きがあることである。

よさこいソーランの持っているエネルギーは大きい。子どもの魂を揺さぶり、命の根源に働きかけることによって、子どもの命が再生されるからである。

地域と学校教育が一体となって活動していくことによって、その効果はさらに大きくなる。そのために、全国各地に広がりをみせている。

私が初めて見たよさこいソーランは、札幌市立発寒小学校の子どもの発表である。よさこいソーランクラブの子どもが「南中ソーラン」を踊ってくれた。

腰の下りた迫力のある踊りであった。一人一人の踊りが力強く、子どもの命の輝きが溢れていた。見ていて、体がぞくぞくとしてきた。

今までにこんな感動を味わったことがない。どの子どもも生き生きとしていて、自分の持っている力を最高に発揮していた。

「これだ。この命の輝きを多くの子どもに体験させたい」とその時、決意した。札幌で見た子どもの輝く演舞を高浜第一小学校の子どもにも体験してほしいと願った。

よさこいソーランを通して、生きる感動、生きる喜び、生きる楽しさを味わってほしいと強く心に思った。

踊りに上手、下手はない。その子どもが力一杯踊り、汗をかき、みんなと一緒に踊って楽しかったという体験ができればよいのである。

よさこいソーランは元気の出る踊りである。踊り手だけでなく、見ている人も元気になる。私は見ているだけで元気が出てきた。

踊り手はもっと元気が出る。今回踊る予定の「侍」という曲は、子どもたちが踊るために特別に作られたオリジナルのものである。

私はこの曲を聴くだけで魂が清められ、力が湧いてくる。元気になる。毎回この曲で踊ると子どもの心は豊かになり、体力がついていくのである。

時間があったら保護者の皆様にもおいでいただき、一緒に踊ってほしい。踊らなくても子どもの練習をご覧いただきたい。曲を聴いてほしい。疲れた体と心が癒《いや》され、元気になる。

よさこいソーランを通して高浜小学校の子どもが元気になってくれたらと願っている。

（2）よさこいソーランチーム結成
千葉よさこいジュニア大会参加に向けて

２００７年９月12日、千葉よさこいジュニア大会に参加するための、よさこいソーランチームが結成された。代表は保護者会会長の福浦操氏である。学校側からは山根充世先生と永谷美沙子先生が指導に当たる。

９月４日に募集のチラシを３年生以上に配布した。９月12日現在で45名の参加者があり、引き続き募集している。

よさこいソーランは３～４年生が運動会で踊った。とても運動量が多く、楽しく踊れる内容である。高浜第一小学校の子どもにもよさこいソーランを踊り、楽しい生活を送ってほしいと願っている。

千葉ジュニア大会は10月27日（土）に開催され、会場は千葉中央公園である。12時から15時である。そこに参加するためにチームが結成された。

第1回の練習日には山根先生、永谷先生の他に早稲田大学の学生、羽鳥友希恵氏、村田憲昭氏が参加して指導してくれた。

羽鳥氏と村田氏は早稲田大学でよさこいソーランのチームに所属し活動している。小学生にも指導したいということで、今回参加してくれた。

12日は34名の参加者であった。山根先生の指導で3～4年生が運動会で踊った「どっこいしょ」を練習した。3～4年生は一度踊っているので、すぐに踊れた。5年生は初めてなので最初は見ていた。

「これから5年生も踊ります。3～4年生とペアを作り一緒に踊るようにします。その前に鳴子を持っていってください」

学校で用意した鳴子を一人ずつ持っていった。そのあとペアが作られた。5年生は3～4年生の動きを見て、真似ていく。この方法は素晴らしかった。あっという間に5年生も覚えてしまった。

4年生のAさんはとても軽快にリズミカルに踊っている。約50分の練習で完全に覚えていた。途中で4つのグループが時間差で鳴子を鳴らしていった。変化が生まれ、踊りも楽しくなった。

羽鳥氏と村田氏は子どもの前で踊ってくれた。「動きの切れが違いますね」と関谷先生がほめてくれた。あっという間に1時間が過ぎた。

本校の先生方も練習風景をずっと見てくれた。保護者の市原さんも最初から最後まで参観してくれた。どの子どもも生き生きと楽しく踊っていた。これから10月末まで練習し、立派な踊りを発表してほしい。

（3）神田外語大学「幕張チャリティーフリーマーケット」よさこいソーランの発表

２００８年５月18日（日）、幕張にある神田外語大学で第３回幕張チャリティーフリーマーケットがあった。本校のよさこいソーラン「浜っこチーム」も参加した。

昨年度は３年生以上であったが、本年度は１年生から６年生まで募集した。その結果、今回の幕張チャリティーフリーマーケットには、１年生から６年生までの53名が参加した。

当日は天気に恵まれ、日差しの強い日であった。子どもは学校に集合し、稲毛海岸まで歩いていった。稲毛海岸駅から京葉線に乗り、幕張海岸駅で下車し、約20分間歩いて神田外語大学に着いた。

神田外語大学ではすでにフリーマーケットが行われていた。１時30分から図書館前の広場で発表が始まった。最初は４年生以上の子どもが「侍」を発表した。ゆっくりとしたテンポから始まり、次第にテンポが速くなっていく曲である。北海道の積丹半島で行われていたニシン漁で歌われていた曲に近い内容である。聞けば聞くほど心に滲みる曲である。

熱い日差しの中、子どもは一生懸命に踊った。フリーマーケットに参加していた方々も、遠くから集まってきて参観してくれた。

次は１年生から３年生も入り、「南中ソーラン」を踊った。入学して２カ月しかたっていない１年生も汗をかきながら必死に踊っていた。

上級生は昨年度から踊り込んでいるせいか、軽快である。周りで見ている方々も段々増え、ビデオやカメラでうつしていた。

３番目は大人の「幕張ハーツ」のチームの方々がよさこいソーランを踊ってくれた。今年、札幌で開かれるよさこいソーラン祭りに参加する踊りを披露してくれた。曲はオリジナルである。衣装も優美で迫力のある演舞をしてくれた。子どもも圧倒されていた。

最後は、子どもと「幕張ハーツ」とのコラボレーションである。「どっこいしょ」を踊った。大きなかけ声、大きな動きで1年生は驚いていた。大人の皆さんと踊る中で、演舞は一段と盛り上がった。

踊り終わると大きな拍手がわき起こった。子どもに感想を聞くと「暑かったけれど、とても楽しかったです」と言っていた。

着替えが終わった後は、フリーマーケットに参加して、会場を見て歩いた。保護者の方々にもご参加いただき、感謝申し上げる。

(4)「第4回ウェルCOMEよしゃ来い」に参加　よさこいソーランを発表する

2008年3月20日、市川市教育委員会委託事業「第4回ウェルCOMEよしゃ来い」に本校の29名の子どもが参加した。

10月の千葉市よさこいソーランジュニア大会が雨で参加できなかった。そこで今回、「第4回ウェルCOMEよしゃ来い」に参加することになった。子どもにとっては学校外での初の発表である。

雨の降るなか、地下鉄東西線行徳駅で下車し、会場の「行徳文化ホールI&I」まで歩いていった。13時から始まり、本校の子どもの発表は休憩後の15時30分から行われた。

ブルーのハッピにハチマキを締め、鳴子を持った子どもが6列に整列した。幕が上がると司会者から「今回が初出場、初の発表です」と紹介された。

最初の踊りは9月から山根充世先生、永谷美沙子先生の指導で練習してきた「侍」である。ゆっくりした動きから次第にテンポの上がっていく重厚な曲である。歌っている方は民謡日本一になった女性の方である。演奏は東京芸術大学の学生である。

テンポがゆっくりしているのは正調ソーラン節を意識して、癒しの内容にしてある。聞けば聞くほど味のある、心に滲みる曲である。

子どもは波の踊りと漁師の踊りに分かれて踊った。途中で隊形移動も行い、多くの子どもが観客席から顔が見えるように工夫されている。2曲目は「南中ソーラン」である。軽快なリズムで子どもも楽しく踊ることができた。

動きも大きく、立派に踊ることができた。終わると客席から大きな拍手が起こった。終わった後、感想を子どもに聞くと「緊張しました」と言っていた。

会場のホールは満員である。初めてのステージ発表で子どもも緊張していた。汗一杯になった子どもの顔は踊り終わった満足感で紅潮していた。

初めての発表会の体験もでき、4時過ぎに会場をあとにした。子どもにとってはいろいろなチームの子どもの発表も見られ、勉強になった。

同じ年頃の子どもが力一杯踊る姿を見て、「こんな踊りもあるんだ」「こんなに素敵に踊れるんだ」という体験をすることができ楽しかったと思われる。今回の体験を来年の発表に生かしていってほしい。

引率をしてくださった保護者の皆様には感謝申し上げる。子どももたくさんの保護者の皆さんの前で踊れて、自信が持てた。

（5） 第3回TOSS体育よさこいソーラン全国セミナーIN札幌
ステージ発表の感動が絆を生む

第3回TOSS体育よさこいソーラン全国セミナーIN札幌が、6月9日、10日と札幌市北白石地区センターで開催された。全国各地より多数の方が参加され盛会であった（TOSSとはTeacher's Organization Of Skill Sharing〔教育技術法則化運動〕の略で向山洋一氏を代表とする教育活動）。

テーマは、「TOSSよさこいソーラン競演！～子どもの魂に響くNEW教材用ソーラン～SAMURAIはこれだ～」である。タイムスケジュールを紹介する。

［1日目］
○基調講演　根本正雄（TOSS体育よさこいソーラン学校づくり研究会代表）
○模擬授業
　①根津盛吾氏（山梨県教師）「漁師の踊り」
　②山根歌奈子氏（京都府教師）「手の動きはカモメになって～なめらかな波の踊り～」
○よさこいソーラン指導者検定　塩苅由紀氏（富山県教師）
○実践発表
　①千原一弘氏（島根県教師）「人を元気に　街を元気に　YOSAKOIソーランのドラマ」
　②戸村隆之氏（千葉県教師）「新教材用ソーランSAMURAI　3・4年生運動会での実践」
　③山口浩彦氏（栃木県教師）「運動会・親子で感動！　サムライ指導実践報告」
○実技指導「NEW教材用ソーランSAMURAIの踊り方」宮野正樹氏（北海道教師）
［2日目］

実技指導「NEW教材用ソーランSAMURAIの踊り方」　宮野正樹氏

ステージ発表

昨年度に引き続き、本年度もYOSAKOIソーラン本祭りのステージ発表があった。TOSS体育教師チームとして出場することができた。

「北海道へ行ってよかった！　セミナーに参加してよかった！　YOSAKOIソーラン祭りに参加できて、よかったです!!」という山根歌奈子氏の感想が寄せられた。

今回は私も最初から宮野氏の講座に参加した。ステージ発表に参加したいと思い、必死になって踊りをマスターした。初めて踊るという先生も何人かいた。

昨年から踊っている先生はさすがに踊りに切れがあった。動きも鋭く見ていて美しかった。私はそういう先生の踊りを真似るところから出発した。DVDを見ながら踊るよりも、実際に踊りを見ながらの方が分かりやすい。

あわせて宮野先生の指導によって、動きのポイントがよく分かった。振り付けをされた宮野先生の動きを見ながら、何度もくり返し練習を行った。

北白石地区センターの体育館は暑かった。タクシー運転手は、例年に比べて今日は気温が高いと話していた。最もきつかったのは練習の最後、通しの練習が４回連続で行われた時である。１回の練習が約５分である。４回であるから約20分間踊り続けたことになる。着ていたシャツは汗でびっしょりであった。

２日目も９時には集合して練習が行われた。全員必死である。参加者の先生方は、８丁目のステージで踊ることがどんなに大変で、素晴らしいかを知っていたからである。

練習の最後は隊形の移動と確認である。宮野氏の的確な指導で練習がなされた。本番で着るハッピも着て練習は終わった。

やはり「侍」は素晴らしい教材である。私も踊ったが、何度踊っても飽きない。歌といい、曲といい、振り付けといい、日本を代表する文化である。参加者には各地に帰って、「侍」を広げていくようにお願いした。

10日の早朝、大通り公園のステージに下見に出かけた。まさか、よさこいソーラン祭り事務局専務理事の長谷川岳氏にお会いできるとは思っていなかったが、偶然にも学生を指導している姿に出会うことができた。

早朝より陣頭に立たれ、きめ細かな指導をされている姿に感動した。よさこいソーランがこれまでに発展した大きな理由を学ばせていただいた。ステージ発表の感動も大きかったが、私にとってはこの早朝の光景も大きな感動であった。

私どもが奇跡的と思えるほど、短時間の練習で本祭りのステージで踊れたのは、宮野氏の指導のお陰である。的確な指導、人を見る目、振り付け、隊形指導と、宮野氏でなければできない指導であった。私たちが感動を共有し、がんばれたのも宮野氏の指導、励ましがあったからである。

多くの人の繋がりと協力によって開催できたセミナーであることを痛感した。来年もまた、多くの先生方と参加し、感動を共有したいと思っている。

厳しい練習が感動を深め、参加者との一体感を生み出した。ステージ発表の感動が参加者の絆を深めた。

ステージから下りて帰る途中、ハイタッチがされた。厳しい練習があればこそ、ステージで踊れた喜びがあったのである。

来年もまた、YOSAKOIソーラン祭りに参加できてよかった、というようなセミナーにしたいと思っている。

ステージ発表ができたのは、よさこいソーラン祭り事務局専務理事の長谷川岳氏のお力によるところが大きいのである。来年もまた、全国から集まった先生方に感動していただけるようなセミナーにしていきたい。

（6）新教材「侍」ＤＶＤの製作

新教材「侍」ＤＶＤはよさこいソーラン祭り組織委員会とＴＯＳＳ体育よさこいソーラン学校づくり研究会の協力で完成した。製作過程は、次のようである。

よさこいソーラン祭りは全国２５０ヵ所で行われている。多くの人々に受け入れられ、地域の活性化に貢献している。これからのよさこいソーランは地域のイベントだけではなく、学校教育の中でも行われていくことが求められている。

地域と学校教育が一体となって活動していくことによって、その効果はさらに大きくなる。そこで、よさこいソーラン祭り組織委員会とＴＯＳＳ体育よさこいソーラン学校づくり研究会は、地域と学校が連携して活動できる教材用ソーランを製作し、ＤＶＤにした。

これは子どもだけでなく地域の方々も活用できる教材である。子どもも大人も一緒に楽しめる教材になっている。ＤＶＤを通して教材の内容は分かる。しかし、これから踊りを学びたい方には、どのように学習していったらよいのかの方法や手がかりが必要となる。

つまり、教材用ソーランを効率的に学ぶためのテキストが必要になる。そこでこのＤＶＤには、初めて教材用ソーランを体験する方が、すぐに習得できる内容や方法を紹介するテキストをつけた。

ご自分の地域や学校で実際に実践された内容をもとにまとめられている。教材用ソーランを初めて踊るという方にも分かるように、具体的、視覚的にまとめてある。

よさこいソーラン祭り事務局専務理事の長谷川岳氏との新教材ＤＶＤの製作打ち合わせ会で、次のコンセプトが共通理解された。

①　音、振り付け、テキスト、DVDを製作する。解説と教材用ソフトを同時に製作する。
②　検定システムを作る。子どものためになる、新しい子ども文化を創る。
③　テキスト、DVDは教師だけでなく、一般にも使用できるようにする。
④　DVDは三部作にする。一部はよさこいソーランの背景、二部はよさこいソーランの歴史、三部は製作過程とする。
⑤　対象は小学3年から5年生にする。5年生あたりが変わり目である。5年生くらいの子どもが反応する内容にする。
⑥　切れとスピード感だけではなく、人間の呼吸にあわせた振りにする。
⑦　呼吸にあわせた振りをつける。自然に入る。心の感じ方。呼吸のメロディー。切り替えをしていく。
⑧　ゆっくりとした動きの中にかっこいい振りをつける。
⑨　江差、積丹の海の荒々しさとなぎを表現する。荒々しい自然に負けない振りを入れる。癒しの快い動きも入れる。
⑩　1級～3級、地域と学校、指導者講習の内容、検定の指導原理、指導者検定を取り入れる。

以上のコンセプトのもとに新教材DVDが製作された。今までのよさこいソーラン教材とはまったく異なる内容である。一流の音楽、一流の振り付けによって、聞く人間の心を捉え、見る人間の眼を惹きつけるDVDである。

そのような新教材DVDとテキストが作成されている。これからよさこいソーランを踊ろうとする方が、自分一人で学べる内容になっている。

DVDの良さは画像でイメージをつくることができることである。よさこいソーランの全体の流れを理解することができる。

しかし、振り付けを身につけようとしたときにはDVDだけでは無理である。踊りのポイント、踊りの手順が文字として記録されていると分かりやすい。

第1時から第6時までの1時間ずつの指導の流れが示されている。子どもに指導するときに、このまま教えることができる。そのまま指導すれば、DVDと同じ動きをすることが可能である。

同時によさこいソーランの歴史や成立の過程がまとめられている。長谷川岳氏の夢や願いが書かれている。成立した社会的背景を理解することは、踊りを深めることにつながっていく。

さらにDVDには収録されていない各地の取り組みの様子が紹介されている。よさこいソーランはすでに全国的に広がっている。

どのように実践されているのかを知り、地域の皆さんと共に取り組んでいってほしいと願っている。学校だけではなく、地域の中で共に活動していってほしい。

テキストの巻末にはTOSS体育学校づくり事務局一覧が掲載されている。それをお読みになって、よさこいソーランに取り組んでみたい方は、お近くの事務局に連絡してほしい。よさこいソーランの情報や取り組みについて相談にのってくれる。DVDと合わせて、テキストを活用して、短時間で踊りをマスターするようにしてほしい。そして、子どもが生きる楽しさ、喜びを体験できるようにしていってほしい。

参考文献

① YOSAKOIソーラン祭り組織委員会・TOSS体育よさこいソーラン学校づくり研究会編著『YOSAKOIソーランの教え方・指導者用テキスト』（明治図書）

② 『DVD SAMURAI YOSAKOIソーラン祭り15周年記念版』（YOSAKOIソーラン祭り組織委員会）

2　インドネシアとの交流

(1)　TOSS体育よさこいソーランインドネシアセミナー①
カタパン・クリスチャン第3学校訪問

2008年8月19日、インドネシアによさこいソーラン体育チームが学校訪問し、現地の子どもや大学生に指導した。その記録を以下に紹介する。

最初にカタパン・クリスチャン第3学校を訪問した。8時にホテルを出発し、9時過ぎに学校に到着した。ジャカルタの道路は混んでいた。特に地方からジャカルタに向かう車は高速道路であったが、ほとんど動かない状態である。

カタパン・クリスチャン第3学校は高級新興住宅地内にあった。学校に行くまでの住宅はどれも立派であり、庶民には手の届かない住宅である。その中にある学校なので、施設は立派であった。

子どもはすべて親が送り迎えをする。警備員が何人もいて、セキュリティーが厳しかった。門、玄関、一つの建物から別の建物に移動するときは必ず警備員がいた。建物は4階建ての鉄筋である。

入るとすぐに応接室に案内された。大きなテーブルにはたくさんのお菓子が並んでいた。職員が歓迎用に作ってくれたインドネシアのお菓子である。色が鮮やかでどれもおいしそうであった。自由にいくつもご馳走になった。

第3学校には幼稚園、小学校、中学校、高等学校があった。最初に幼稚園の子どもの踊りを見せていただいた。民族衣装を身につけた女の子どもが、化粧をしてとてもかわいい踊りをしてくれた。踊り終わると、訪問者一人一人に飴をプレゼントしてくれた。

第3学校の教員イラさんのご主人ダニエルさんが、教室、施設を案内してくれた。教室、施設は日本にはない素晴らしい環境であった。子ども、教師とも制服である。コンピュータ室も完備していた。高学年は英語の勉強をしていた。

4階のホールに入ると5年生、6年生の140人の子どもが歓迎会をしてくれた。先生方が2名、インドネシア語と英語で進行をしてくれた。

最初にインドネシアの踊りを6人で踊ってくれた。いずれもきらびやかな民族衣装を着て、化粧をしていた。音楽に合わせて、優雅であった。その後、楽器の演奏、合唱を披露してくれた。よく練習された様子が分かる内容であった。

いよいよ私たちの演舞の番である。全員、ハッピに着替え、素足になって整列した。「南中ソーラン」「どっこいしょ」「侍」の順で踊った。日本から持っていったCDに合わせ、続けて3曲披露した。終わると大きな拍手が起こった。

発表の後はいよいよ子どもたちへの指導である。塩苅有紀氏、山根歌奈子氏の指導、中村由香氏の通訳で始まった。他の人は子どもの中に入って直接見本を見せていった。

最初、塩苅氏は「セッ」というかけ声を指導した。何回かくり返して声が出るようになってから、動きを一つずつ指導していった。指導は日本語で行ったが、イメージ言葉はそのまま伝わった。子どもは日本語を真似てくり返しながら動いていた。

果たしてよさこいソーランがインドネシアの子どもに伝わるかと心配であったが、杞憂であった。約1時間、子どもは最後まで集中して踊ってくれた。指導者の熱意、気迫もあったが、子どもは嬉々としてよさこいソーランを踊ってくれた。

最後はＣＤに合わせて通して踊ることができた。日本からの訪問者は全員感動していた。インドネシアの子どもにもよさこいソーランが通じたのである。どの子どもも楽しそうに踊っていた。

踊った後、昼食をいただいた。おいしい料理であった。学校の先生方も一緒に食べ、懇談をすることができた。地元のデザート、お菓子もいただくことができた。

昼食のあと、残っていた子どもとの交流が始まった。私たちと一緒に写真を撮ったり、踊りを教えてくれたりした。写真は何回も何回もせがまれた。日本の子どもと同じように人懐っこく、分け隔てがなかった。

歓迎会の中ではドラえもんの歌も一緒に歌うことができた。現地の歌も教えてもらうことができた。

よさこいソーランを通して、日本とインドネシアの国際交流が見事にできたのである。子どもたちは日本の文化に触れることによって、日本に対する理解を深めることができたであろう。また、私たちもインドネシアの文化を通して、自分の目や肌でインドネシアを理解することができた。

短い時間ではあったが、インドネシアの子どもにもよさこいソーラン踊りが受け入れられたことに感動した。言葉は分からなくても踊りと音楽は共通であることを学んだ。このような場を提供してくださったイラ氏、ダニエル氏に心から感謝申し上げたい。

（２）ＴＯＳＳ体育よさこいソーランインドネシアセミナー②
日本大使館、カリダ・ワカナ大学訪問

２００８年８月20日、日本大使館、カリダ・ワカナ大学を訪問した。８時30分にホテルを出発し、９時前に日本大使館に到着した。しかし、検問が厳しい。バスは中に入れず10分近く路上に待たされた。やっと中に入ると、空港と同じように荷物の検査が二度も行われた。

検査が終わると待合室に案内された。待つこと10分、教育・文化担当の野口健・一等書記官が迎えに現れた。

9時の予定であったが、時刻は9時20分を過ぎていた。野口氏の案内で2階のホールに通された。

さっそく野口氏との懇談が始まった。今回のインドネシア訪問の目的を話し、表敬訪問に伺ったことを説明した。その後、全員が自己紹介した。よさこいソーランとの出会い、教育的価値について、それぞれの立場や体験から話された。

野口氏はメモを取りながら話を聞いていた。時折、質問をされた。大使館訪問の理由として、インドネシアの子どもによさこいソーランを指導に来たことを話し、大使館でも演舞がしたいと申し出た。「それでは、他の職員も呼んできますので、しばらくお待ちください」と言って迎えに行かれた。その間に全員、ハッピに着替えて準備をした。教育・文化担当の職員が10人ほど集まり、体育教師チーム事務局の臼井俊男氏の用意してくれた「侍」のCDに合わせて踊った。

音響は素晴らしかった。音楽にのり、演舞も堂々とできた。終わると職員からは大きな拍手と賞賛の言葉が寄せられた。記念写真を撮らせてほしいという野口氏の要望で、大使館職員と訪問者で写真を撮った。

帰りは予定の11時を過ぎていた。今度は検査も簡単に終わりバスに乗り、次の訪問先のカリダ・ワカナ大学に向かった。ガイドさんの話では、インドネシアで第3番目のレベルの大学とのことである。

20分ほどで大学に着いた。立派な建物である。私立の大学で、医学部をはじめ5学部9学科、約2千人の学生が在籍していると説明された。

2階のレセプションルームに入ると、20人は座れる席とおいしそうなお菓子が並んでいた。すぐに学長、副学長、事務長、各学部の責任者の紹介を受けた。まさか、こんなに立派な接待を受けるとは思いもよらなかった。

カタパンと同様に訪問の目的を話し、1人ずつ自己紹介を行った。すると学長から私に大学訪問記念の立派なレプリカを贈られた。全員に大学の名前の入った壁時計、Tシャツが贈られた。これもまた驚きであった。

12時を過ぎるとアコーディオンカーテンが開き、昼食の用意のしてある部屋に移動した。立派な昼食が用意されていた。魚、肉、野菜、スープ、デザートのフルコースである。まさか、こんなに接待してくれるとは夢にも思わなかった。

13時から大学生によさこいソーランを指導することになった。7階のホールに行くと約100人の学生が待機していた。最初に歓迎のセレモニーをしてくれた。

いよいよ私たちの出番である。小学生と同様に最初に「南中ソーラン」「どっこいしょ」「侍」の順に演舞をした。終わると大拍手が起こった。副学長をはじめ、大学の職員も参観されていた。

いよいよ指導である。指導の仕方は小学生のときと同じである。果たして大学生も小学生と同じように踊ってくれるか心配であったが、始まると大学生も踊りに乗ってきた。体育教師チームの塩苅氏、山根氏の指導で少しずつ上達していった。

指導のポイントは動きを真似させることと、イメージ語を口に出して言わせることである。日本語が分からなくてもバッテン、クロス、パッパッ、セーヤとかの言葉はすぐに言えた。2人の指導者、中村由香氏の通訳、他の訪問者の指導によって、見事に踊ることができた。

しかも楽しそうに踊っている。最後は訪問者のハッピを着せてあげた。ステージに上がり、CDに合わせて踊り始めた。大学生はハッピに興味を持ったようである。その後もハッピを着て私どもと写真を撮りあった。

インドネシアの学生がこんなによさこいソーランを受け入れてくれるとは思わなかった。想像以上の反応である。いつまでも写真を撮り、私どもとの交流を行った。

今回のTOSS体育よさこいソーラン・インドネシアセミナーはイラ氏のお陰である。イラ氏のお力によってできた国際交流である。できたらこれからも多くの国に出かけ、よさこいソーランを広げていきたい。

3　サンフランシスコとの交流

（1）ＴＯＳＳよさこいソーラン海外視察 ＩＮ アメリカ西海岸　よさこいソーランは世界の架け橋

①　夢を共有する

ＴＯＳＳよさこいソーラン海外視察ＩＮアメリカ西海岸を大成功に終えることができたのは、参加者の皆さん、そして現地で受け入れをしていただいた山口かおる氏、太田正氏の夢が一つになったからである。

山口かおる氏、太田正氏はともにサンフランシスコ在住の日本語指導の教師である。臼井俊男氏を通して山口氏と知り合うことができた。山口氏から「ぜひ、サンフランシスコに来てよさこいソーランを指導してほしい」と要請があり、今回の訪問が実現した。

私一人だけの夢ではなく、多くの皆さんの夢が一つになったからである。アメリカでよさこいソーラン「侍」を踊りたいという、参加者の皆さんの強い志があったからである。

そして、現地で私どもの夢の実現にご尽力くださった山口氏、太田氏をはじめとするカリフォルニアの皆様のお力があったからである。一つの夢が多くの方々の力によって、具体的な形になったことに深く感謝申し上げたい。充実した交流をすることができた。

②　人との出会いがドラマをつくる

今回のＴＯＳＳよさこいソーラン海外視察ＩＮアメリカ西海岸は、臼井俊男氏と山口かおる氏の出会いから始まった。

そして、太田氏、水谷氏、ネイティブアメリカンの踊りを紹介してくれたボーイスカウトの皆様、ソノマ太鼓の皆様、現地アメリカの公立小学校の先生方と子どもたち、サンフランシスコ日本国総領事の長嶺様をはじめとする総領事館の皆様、サンフランシスコ日本人町の皆様と多くの方々との出会いがあった。TOSSサンフランシスコの皆様にはTOSSデーにまで、参加させていただいた。

4日間という短い期間ではあったが、実に多くの皆様との出会いがあり、多くのことを学ばせていただいた。その出会いによってドラマが生まれた。まさに人との出会いによって、思いもよらないドラマが生まれたのである。

スタンフォード大学に勤務されている山田知生氏との出会いによって、スタンフォード大学の最先端のスポーツ施設を見学することができた。一つ一つの施設をご案内いただき、スタンフォード大学の学生が勉強だけでなくスポーツにも優れていることを知った。

両立する理由、学ぶシステムも教えていただいた。サッカー場の屋上からスタンフォード大学を見た感動は心に強く残った。

③　志が人との繋がりを深める

カリフォルニアの皆様とお会いして感じたことは、日本人以上に日本文化を広めることに努力されていることである。熱心に活動されている方は、バイタリティーに溢れ、強い志を持って活動されていた。

強い志と使命を持つことによって、強い繋がりが出来ていることに敬服した。日本人としての気概があり、信念を持って生きていることに強く心を打たれた。

その気概が私どものよさこいソーランを受け入れてくれたのである。日本文化を広めたいという私どもの気概とカリフォルニアの皆様の気概が繋がり、交流が実現したのである。

ソノマ太鼓の交流の前に「ギリプロジェクト」の日系人の方から、戦時中の強制収容所のお話を聞くことができた。私は深い衝撃を受けた。当時の様子を直接聞いたからである。そのような歴史の中で、現在の繁栄があることに感慨を深めた。そして、アメリカに来てよかったと痛感した。自分の目で、自分の耳で、自分の肌で学ぶことができたからである。

④　よさこいソーランは国を越えた共通の文化

よさこいソーランを公園で練習しているところに、現地の中学生2人がやってきた。しばらく見ていたが「一緒に踊ろう」と誘うとすぐに入ってきた。そして一緒に踊ってくれたのである。言葉も踊りも知らないのに、すっと仲間に入り楽しく踊ってくれたのである。これには驚き、感動した。よさこいソーランは国を越えて共通の文化として通じることを知ったからである。これは、どの会場でも同じであった。

私どもと一緒に抵抗なく踊ってくれた。日本人町の人の中には、幼稚園児もいたが、元気に踊ってくれた。よさこいソーランは世界の架け橋になると確信した。これからも世界に広げていきたい。

(2)　8月15日の学び

記録は奈良県から参加された大中州明氏、北海道から参加された橋爪里佳氏、滋賀県から参加された脇坂浩之氏が担当してくれた。

ついに出発！　よさこいソーランアメリカツアー!!　第1日目！

8月15日

19時30分~最終練習！「どっこいしょ」、「ニャティティソーラン」

「どっこいしょ」の練習を一回しました。山根先生の見本のおかげである程度踊りに自信がついてきたとき、現地の中学生がやってきました。そこで、「Let's dance togather!」という声かけに応じてなんと3名の中学生が参加しました。そして恥ずかしがりながらも参加しました。一緒に踊っていて、お互いとても楽しかったと感じます。

まさに末廣真弓先生に教わった「踊りは言葉を超える」（文責　脇坂）そのものだなと感じました。まさに中学生との交流を通して踊りの力ってすごいな！と感じることができました。

その後に、橋爪先生の「ニャティティソーラン」指導がありました。とにかく、わかりやすい説明ということを実感しました。

足だけを指導する、その次に手だけを教える、組み合わせる、の手順から学びました。まさに一時に一事だなと思いました。こういったことが自然とできること、これがやはりにじみ出る力だなと感じました。すばらしかったです。

それに加えて、周りの先生の団結力、指導の声かけの協力（こっちは足から出すんだね。と言ったり、イメージ語をつけてくれるようにしてくださったことなど）、指導の際のヒントが結集されている説明でした。ですので、たくさんの学びがあった練習会でした。やはり、自分の十八番《おはこ》があること、いいなと思います。

とにかく、充実の上にもさらに充実していました。

① 成功を積み重ねることによってダンスは上達してゆく。（成功体験の強化）

② 足だけの練習など、一時に一事の指導の効果の強さ。

③ 声を出すことによって表情がリラックスして、心がリラックスして、体がほぐれる。

ということも再確認していました。

20時45分　ホテルへ～チェックイン

こうしてシェラトンホテルへチェックイン、明日のこと（ノーネクタイで行くことなど）を確認して、第一日は終えました。

根本先生とお話をしていましたが、やはり、念ずれば花開く、ということを感じました。まずは「言葉に（夢など）実現したいことを出すこと」が大事と確認しました。明日からも元気になれるような言葉でした。

記録を部屋でつけていると、なんと、太田先生が差し入れ（飲み物など）も持ってきてくださいました。さらに非常に心温まりました。

（3）8月16日　よさこいソーランINアメリカ（2日目）

アメリカ見参!!　よさこいソーラン演舞!!

12時30分　TOSSサンフランシスコのメンバーと顔合わせ
みなさんと顔合わせをしてこれから一緒にさせてもらうんだ！ということを感じました。
13時　ホールで準備
ネイティブアメリカンの踊りを見ました。さまざまな歴史背景があると思いますが、それぞれ蝶をモチーフにした、ネイティブアメリカンの有名な踊りをしてくれたり、さまざまな踊りをしてくれました。そこで、一緒に踊ってみると、リズムに合わせながら腕を動かすことの難しさを感じました。
13時45分　よさこいソーランチームアメリカ初デビュー!!
① 「どっこいしょ」の楽しさ
② 山根先生の踊りを参考にみんなで踊れた「どっこいしょ」。とてもリズミカルにできました。
③ 末廣先生の踊りの素晴らしさ
④ 橋爪先生の着替え中に言葉の壁を越えて参加している皆さんに声だしを促してました。とてもわかりや

すく、声が出るのがよくわかりました。

⑤「ニャティティソーラン」の難しさ

踊りこめていない分、不安が大きかったです。不安から声も出にくくなり、悪循環に陥ってしまった感がありますが、橋爪先生の自信いっぱいの演舞に、踊りながら元気が出ました。2回目はもっとがんばれそうな気がしました。

⑥臼井先生の語り

「どっこいしょ」の説明をしていたときに、少しゆったりとした語り口、会場の皆さんに抑揚をつけて話す話し方、参考にしていきたいと思いました。

⑦「侍」の気持ちよさ

やっぱり踊りは「侍」ですね。気持ちよく踊れました。これもすべて皆さんのおかげだと感じます。

(つなぎの話もそうだし、すべてにおいて連携プレーができている気がします)

⑧塩苅先生の指導の万国共通性

塩苅先生の「侍」指導はついに国境を越えた！　という感じでした。カウントを英語に変えて擬音語・擬態語はそのままに、わかりやすく動けました。ボーイスカウトの4人が生き生きとしていたのが印象的でした。

とにかく、アメリカで初めて「侍」がデビューしたな、と感じました。

(4) 8月17日　3日目

現地校視察！　感激！　ソノマ太鼓

15時10分　よさこいソーラン太鼓チーム見参!!

〇末廣先生・塩苅先生・橋爪先生・柴崎先生・山根先生の太鼓（夏祭り）
〇末廣先生・塩苅先生・山根先生の太鼓（ぶち合わせ太鼓）
〇ソノマ太鼓鑑賞
〇ソノマ太鼓体験教室

この4つのどれもその場の空気を一つにしてくれる、素敵なものでした。みんなたたく時の笑顔、リズムよく取り組んでいるところ、いいなと思います。

ソノマ太鼓の鑑賞をしているときも、非常に楽しく、笑顔で打っている皆さんがいました。私自身、太鼓体験をさせていただいてとても「楽しい!!」ということを体験することができました。

本当にいい経験をさせていただきました。担当の末廣先生・塩苅先生・橋爪先生・柴崎先生・山根先生、お疲れ様でした！

15時40分　「どっこいしょ」「ニャティティソーラン」よさこいソーラン「侍」演舞

今回はとても自信をもって踊ることができました！

「どっこいしょ」も山根先生、塩苅先生を参考にして、笑顔満点、気合百点！しっかり踊れました！（みなさんも間違いなく同じ感覚なのではないでしょうか☆）

「ニャティティソーラン」はいつものことながら、橋爪先生の踊りのおかげで自信たっぷりに踊れました。うれしい限りです!!「侍」は一番自分の中でがんばれた！という達成感があります。本当に踊るたびにうれしい演舞です！　一緒に「侍」指導教室！

塩苅先生の指導のもと、今日も言葉の壁はものともせず、参加された皆さんは踊っていました。とくに、引っ張るところで腕を力強くクロスしている部分のパートをみなさんとくに力強くやっていました。本当によかったです。

（5）第1回　TOSSデーINサンフランシスコ　特別講演資料　２００９年8月16日

世界に広まれ、ＹＯＳＡＫＯＩソーラン！　その教育効果と意義

命の輝くよさこいソーラン

ＴＯＳＳ体育よさこいソーラン学校づくり研究会代表　根本　正雄

１　よさこいソーランの価値

よさこいソーランは平衡感覚などの体力を高め、子どもの活動意欲を引き出す優れた踊りである。決して反社会的な活動ではなく、子どもに生きる喜びをもたらす健全な踊りである。

よさこいソーランは北海道大学の学生であった長谷川岳氏が、高知県のよさこいまつりと北海道のソーラン節を合わせて始めた踊りである。

２　よさこいソーランの魅力

全国の小・中学校でも運動会種目として取り上げられ、人気を博している。よさこいソーランの魅力は踊り手も観客も元気が出ることである。

不登校の子どもがよさこいソーランで登校するようになったとか、学校崩壊した中学校が再生したという報告がされている。リズミカルな曲、ダイナミックな振り付けにより、楽しく踊ることができる。

一番よいのは子ども同士の関わりが生まれ、連帯感ができることである。学級経営や学校経営に生かすことができる。地域の祭りやイベントにも参加し、学校と地域の連携にも活用できる。

3　踊りの条件

よさこいソーランといっても「どっこいしょ」「侍」などと多種にわたっている。オリジナルな曲、オリジナルな振り付けが認められている。そのために子どもから若者、老人まで幅広く踊られている。

ただ条件が決められている。鳴子を持つこととソーラン節を曲の中に入れることである。それ以外は自由である。特に振り付けが自由であるために多くの人々に受け入れられている。

運動会種目として行う場合は、すでにできている曲と振り付けを活用できる。「侍」はDVD、CD、指導書（明治図書）が市販されていて、誰でも指導できる。

4　よさこいソーランの効果

よさこいソーランの効果は何ですかと聞かれる。主に、次の3点である。

①　子どもの魂に響き、子どもの命を再生する。

よさこいソーランの魅力の第1は、子どもの魂に響き、子どもの命を再生することができることである。よさこいソーランではソーラン節が持っている言霊と音楽が、ストレートに子どもの魂に響いてくることである。理性や論理ではなく情に訴えてくる。生命の根源に照射されてくる。生きようとする強い意欲と意志を喚起される。

不登校や車椅子の子どもが、「先生、ぼくも踊りたい」と言ってくる。学習や運動では自己実現できない子どもが、よさこいソーランでは自己実現できるのである。こういう教材は今までの教育の中にはほとんどなかった。

② 仲間との一体感が得られ、絆が生まれる。

第2には仲間との一体感が得られ、絆が生まれることである。個々ばらばらの踊りであるが、踊り込んでいく中で一体感が生まれてくる。その秘密はソーラン節の発生にある。ソーラン節はニシン漁での労働歌なのである。

大漁の網を共同で引き上げる時の一体感、連帯感が根源にあるのである。苦しい労働を支える共同体としての絆が脈打っているのである。

よさこいソーランのビデオをかけておくと、子どもは自然に群がり踊り始める。集団に入れなかった子どもが自然にグループの中に入って踊っている。踊りが苦しいとき、仲間の励ましや応援がある。共同体としての支えができるのである。

③ 失われた身体感覚を取り戻し、体力が高まる。

第3には失われた身体感覚を取り戻し、体力が高まることである。明治大学の齋藤孝氏が述べている中心感覚がよさこいソーランを踊ることによって高められる。

臍下丹田《せいかたんでん》を意識して生活することによって、身体が鍛えられ体力が高まるのである。特に平衡感覚、持久力、筋力、柔軟性が育つ。子どもの時に養っておくとよい運動能力がよさこいソーランを踊ることによって身につくのである。

しかも子どもは楽しく踊る中で体力が高まっていく。結果として自然に身につくのである。強制的に体力づくりを行っても身につかない。自由な雰囲気の中で楽しく活動することを通して体力はついていく。

よさこいソーランの持っている教育的価値は大きい。新しく創られたＤＶＤを通して、日本の子どもを再生していきたい。

① よさこいソーランは子どもも大人も元気になる種目である。

② 両手に鳴子を持って、ソーラン節に合わせて踊る。
③ ハッピを着てハチマキをすると踊りが映える。
④ 踊った後、子どもの顔は輝き、連帯感が生まれる。

輝く子どもの表情

運動会での演舞

鳴子を持って踊る

4　ネパールとの交流

（1）ＴＯＳＳ体育よさこいソーランＩＮネパール訪問記①ヒマラヤ小学校訪問

8月8日、ネパール2日目。7時起床。8時10分、ホテル・ヒマラヤを出発する。ヒマラヤ小学校に行く前に、カトマンズのスワヤン・ブナートを見学する。スワヤン・ブナートは、カトマンズの丘に聳える、ネパール最古の仏教寺院である。別名、目玉寺と呼ばれている。

目玉寺に着くと野生のサルが目につく。お寺の屋根や木にいて、あちこちを見回している。「バッグは両手でしっかり持っていてください」とガイドのダルマさんから注意される。登っていくとだんだん眼下にカトマンズの街が見えてきた。

カトマンズはもともと湖であった。周りは山で囲まれている。盆地にできた街である。人口は70万人である。バブル経済で新しい家ができていると吉岡大祐氏が説明してくださった。新しい町並みが街の外れにできていた。遠くには青い山並みが聳え、美しい光景である。

寺院に「四方を見渡す仏陀の智恵の目」が大きく描かれている。お寺は最近修復され、金箔が貼られ、鮮やかな建物である。ネパールの歴史の古さを感じると同時に信仰の深さが感じられた。観光客も多く、線香もあげられ、匂いが周りに漂っていた。

10時にヒマラヤ小学校に向かって出発、カトマンズからパタンを通り、11時に着く。距離は約10㎞ほどだが、小学校に行く前に、見晴らしのよい場所で車が駐車した。そこはブンガマティ村が一望できる場所であった。吉岡氏が車から降りてブンガマティ村の様子について説明してくれた。ブンガマティ村は山の斜面の小さな村で、約１７００年前にできたという。山あいにある村で、中央にはお寺が見えた。11日には、村の広場でよさこいソーランを踊ることになっている。

長野県の上田市立高原美術館から浅間山を望む光景に似て、遠くに高い山があり、高原の山あいに村があった。島崎藤村の「小諸なる古城のほとり」に出てくる光景である。日本の高原の風情に似て懐かしかった。

アスファルトが途切れ、土の道を上っていくと、緩い稜線沿いに、クラーク記念ヒマラヤ小学校があった。降りるとヤギ校長先生と制服を着た子どもが出迎えてくれた。子どもたちは大きな拍手をして階段に2列で歓迎してくれた。

「ナマスティ、ナマスティ」と両手を合わせて挨拶してくれた。降りるとすぐに花のレイを首にかけてくれ、次々にカンナ、グラジオラスの花を手渡してくれた。全員の子どもがキラキラとした目を輝かせ、人懐っこく訪問者の手をとり体に抱きついていた。大歓迎で迎えてくれた。

その後、吉岡氏の案内で各クラスの授業風景を見学する。校舎はL字型である。各階に4つほどの教室がある。廊下は外にあり、2・3階には手すりがついている。日本の教室の4分の1くらいの広さである。黒板と長机が4列と長椅子4列ある。

幼稚園の年少から、5年生までの教室がある。一つのクラスに5人から10人ぐらいの子がいるが、休んでいる子もいるということだった。出欠席は自由である。全校児童数は１３０名である。

ネパールは、小学校卒業が5年生である。年齢で学年が決まるのでなく、どこまで学習したのかで学年が決まると吉岡氏が説明してくれた。この学校は、日本からの募金で運営されている。

１００％寄付でまかなわれている。無償教育として、貧しい子どもたちが入学してくる。2つの山を越えて、2時間かけて通ってくる子もいる。吉岡氏の努力でできた小学校である。

各教室とも、授業風景を見せてくれた。幼稚園児の授業はすべて英語である。教室に入ると数の勉強をしていた。一人の女の子が指示棒で黒板の文字と数字を指しながら、声を出して読んでいた。それを全員が復唱しながら学習していた。黒板の前に出る子どもは次々に交代して、全員が発表していた。大きな声ではきはきとした態度である。

1年生から5年生までの教室を見学していく。それぞれの学級でいろいろな発表をしてくれた。歌を歌ってくれた学年。側転や空手の演技と発表してくれた学年。物怖じすることなく、全員元気で大きな声であった。

吉岡氏は最後に屋上に案内してくれた学年。そこはブンガマティ村をはじめ、周りの山々が360度見える場所であった。校舎の右前方には棚田が広がっていた。インドネシアの棚田に似ていた。校舎の正面の山のかなたにヒマラヤが見えるという。残念ながら今は雨季なので見ることはできなかった。10月頃の乾季の時期にはよく見えると吉岡氏は話してくれた。

11時30分、3階のホールで歓迎会が催された。全校児童が集まり、歌や踊り、側転、空手を発表してくれた。踊りはネパールの曲に合わせて子どもが振り付けをしたという。手、腰のしぐさが柔らかく、上手であった。

発表は次から次へと発表したい子どもが自由に行っていた。日本と違い、時間は決められていない。私たち訪問者が自己紹介を一人ずつ行った。子どもはじっと見つめていた。最後にヤギ校長先生に日本から持ってきたお土産をプレゼントした。長縄3本、子ども用のハッピ5枚、「侍」のDVDとCD各1枚である。

14時から遊びの交流が始まった。末廣真弓先生は日本からけん玉、ダルマ落とし、折り紙を持ってきていた。臼井先生はシャボン玉のセットを持ってきていた。それにプレゼントであげた長縄である。

遊びはあっという間に子どもの中に広がった。先生方がそれぞれのグループに入り指導していた。特にけん玉は人気があった。教えると夢中になって練習していた。ダルマ落としは教室で行っていた。シャボン玉は珍しかったせいもあり、次から次へと遊んでいた。これだけでもネパールでの交流は大成功である。

（2）TOSS体育よさこいソーランINネパール訪問記②日本大使館・エベレスト英語学校訪問

8月9日11時、ホテル・ヒマラヤを出発する。11時40分、日本大使館に到着する。セキュリティーが厳しい。何度もチェックを受け、ようやく会議室に案内される。

11時55分、水野達夫大使と会談する。水野氏は気さくな方であった。挨拶の終わった後、ネパール訪問の目的、経過について根本から説明した。その後、臼井俊男氏からよさこいソーランについての説明をし、全員が簡単な自己紹介をする。

最初に昨日のヒマラヤ小学校、旧王宮広場でのよさこいソーラン演舞の写真を見ていただいた。吉岡氏に今朝、写真屋さんに行って現像してもらったものである。子どもや指導者の表情がよく撮れていた。写真を見ていただきながら、よさこいソーランの説明を行った。

水野大使からネパールの国についてのお話があった。「ネパールは王様の国であったが、王制は廃止されました。現在は大統領制で連邦国家です。仮の憲法が制定され、5月28日までに作る予定です。1年延ばしになっています。治安はよいですが、単純犯罪が多いです。地方の道路は悪いです。交通は危ないです。現在は雨季ですので、余裕を持って行動してください。ネパールの踊りは見ましたか。民族によって踊りが違います。DVDに録画してあります。スローにすると新しいところがよく分かります。トレーニングを重ねてはいないです。ごゆっくりと見ていってください」

約30分間の会談であった。大使が直接お時間をとってくれたのは今回が初めてである。よさこいソーランについても詳しく聞かれた。TOSSの活動についても説明させていただいた。

11時30分、エベレスト英語学校に向けて出発する。途中で昼食用のパンを買い、車中で食べる。13時30分、エベレスト英語学校に到着する。車を降りて学校に入ると音楽の演奏があり、校長先生が出迎えてくれた。花のレイを首にかけてくれた。２階の校長室に案内してくれた。

吉岡氏の説明では、エベレスト英語学校は１３００人の生徒がいて、ネパールでも優秀な学校であるとのことである。「ヒマラヤ小学校が目指している学校です」とも話された。

14時から歓迎会が開かれた。最初にエベレスト英語学校のダンスクラブの皆さんが民族舞踊を披露してくれた。５人の女子があでやかな民族衣装を身に着け、優雅に踊ってくれた。水野大使が話されたようにゆっくりとしたテンポの踊りである。

それが終わると、私どもが「侍」「ニャティティソーラン」「どっこいしょ」を発表した。今度はＣＤの機械もあり大きな音量である。ネパールの新聞社からも取材に来ていた。歓迎会には、エベレスト英語学校のダンスクラブの生徒約50人が参加していた。

15時30分、校長室で懇談がされた。そこには文部省の指導者の方、ネパールテレビの記者、新聞社の記者が参加された。ネパールテレビでは、金曜日、土曜日と20分間ずつ今回の様子を放映してくれるとのことである。新聞も何種類かに掲載する予定であることを話された。

ネパール大使との会談、テレビ取材もエベレスト英語学校の校長先生のお力である。人脈の広さ、深さに驚いた。25年間でここまでの学校にされたという。授業はすべて英語である。ちょうど試験の終わった後で、生徒もほとんど残っていなかった。

「ここで、１３００人も勉強しているのですか」

「はい、行っています」

階段には、国の共通試験に合格した優秀な生徒の写真がずらりと掲示されていた。圧巻であった。ネパールで５本の指に入る優秀な学校である。そのような学校を参観できたことは、私どもにとり大変勉強になった。

（3）TOSS体育よさこいソーランINネパール訪問記③ヒマラヤ小学校での縄跳びの指導

8月10日10時30分、ホテル・ヒマラヤを出発する。11時30分、ヒマラヤ小学校に到着する。吉岡氏の要請で長縄跳び、短縄跳びを指導する。

最初に長縄跳びから入る。8の字跳びを指導するができない。そこで、先生方に順番に跳んでもらう。吉岡氏にはネパール語で通訳してもらう。真ん中で一人が跳んで交代していく跳びかたはよくできる。

次から次に走り抜けていくこともようやくできていく。ヒマラヤ小学校の先生方にも縄を回すお手伝いをお願いした。次第に子どもは熱中していった。

周りを見回すとスーパー跳び縄を使っている子どもがいた。長縄は高学年の子どもが多いが、スーパー跳び縄は低学年の子どもが使用していた。驚いたことに2人で向かい合って跳んでいる。縄が長かったので、自然に2人で跳ぶ動きが生まれたのである。

スーパー跳び縄は柄が長く回しやすい。子どもは初めて跳んだという。その割にはとても上手である。そこで2人跳び縄のいろいろな方法を教えた。横での2人組み、背中合わせの2人組み、前後向かい合いの2人組みなど教えるとすぐにできるようになる。

次は駆け足跳び、1回旋2跳躍、交差跳び、あや跳び、二重跳びを師範して見せた。吉岡氏に通訳していただきながら指導していくと、あっという間にできるようになった。スーパー跳び縄の威力をまざまざと感じる。

その間も長縄跳びは続いていた。縄跳びをやらない子どもは、日本の先生方にけん玉やだるま落とし、折り紙などを教わったり、手をつないで長縄跳びを見ていた。自分のやりたいことを選択して行っている。

12時から1時間、私どもは昼食をとった。13時から15時までよさこいソーランを練習した後、15時から16時まで再び長縄と短縄の指導を行った。

再び8の字跳びを指導すると、今度はスムーズに跳べるようになった。初めてにしてはジャンプ力があり、ダイナミックである。12～14人の子どもが飽きもしないで熱中して跳んでいる。

時々順番を守らない子どもに大声で注意しあっている。縄に引っかかると最後尾に並ぶルールが自然にできていた。日本の先生方が交代で、子どものリズムに合わせて回してあげていた。やはり回し手がいいと子どもも跳びやすい。子どもは汗をかかない。1時間も連続して跳んでいても疲れた様子は見られない。何と根気、集中力、体力のある子どもかと感心した。ネパールの子どものたくましさが伝わってきた。

吉岡氏から空手の先生を紹介していただく。週に1度、学校のホールを使って子どもに教えているという。これからは縄跳びも指導していただくようにしたいとのことで、空手の先生にも短縄跳びを指導した。すると、あっという間に跳べるようになった。特に二重跳びは上手であった。駆け足跳びから入るようにお願いした。

（4）TOSS体育よさこいソーランINネパール訪問記④ヒマラヤ小学校・よさこいソーランの指導

8月10日13時から15時までよさこいソーランの指導を行った。前回と同じように塩苅有紀先生、山根歌奈子先生、末廣真弓先生、竹内淑香先生、橋爪里佳先生、臼井俊男先生が、暑い中を汗だくで指導された。

きちんと整列して隊形を作り踊っている。夕方からブンガマティ村の寺院広場で踊ることになっているため、子どもは熱心であった。

塩苅先生、山根先生の指導は素晴らしかった。2人に共通しているのは踊りが指の先まで伸び、美しい踊りであったことである。腰が入り、臍下丹田に力が集中していた。子どもを引き込み、乗せていく指導力が抜群である。子どもも2人のかけ声、全身を使っての指導に引き込まれ、何度も何度も飽きることなく踊り続けた。その集中力には驚嘆した。

指導は前回と同じように個別評定が行われた。個別評定は威力を発揮した。列ごとに評価されることによって、目の色が変わった。1点でも多く取ろうとして必死に踊った。休み時間になっても、山根先生の前に群がり個別評定を受けていた。

ヒマラヤ小学校の子どもの粘り強さ、たくましさは素晴らしかった。しかも指示されたとおりに踊る。言葉が分からなくても、細かい手足の動きを身につけていった。これは、模倣する能力の高さを示している。心から踊っているのである。魂を込めて踊っているのである。日本の先生方も皆さん、その姿に感動していた。

指導者の先生方にも感銘する。真夏の暑い太陽の下で、水分補給をしながら2時間も指導してくださった。ネパールの日差しは高度が高いせいか、直接浴びるととても暑い。しかし、建物や木陰に入ると涼しい。

先生方は、灼熱の中を真剣に熱心に指導してくださった。子どもはそれに応えて、見る見るうちに上達していった。吸収の早さに驚いた。日本の子ども以上に熱心である。なぜ、このような子どもが育ったのかを分析したい。これからの日本の教育のためにも役立つ。言葉が分からなくても、国境を越えて交流することができるよさこいソーランの持つ教材の素晴らしさを感じた。

ネパールの先生方も一緒になって踊ってくれた。これも大きかった。列が乱れ、踊りが悪くなるとその都度、指導してくれた。感心したのは、よさこいソーランの練習をしないで、けん玉をしたり休憩したりしている子どもがいても、先生方は強制的に参加させなかったことだ。

本人の選択にまかせ、参加は自由であった。全員が強制的に練習に参加させられる日本では考えられない。幼稚園や低学年の小さい子どもは、木陰で見学したり木登りをしたりブランコの支柱で遊んだりしていた。その遊びを見ていて、日本では見られなくなった自然の中での運動遊びを発見し、驚いた。

2時間の練習で、子どものよさこいソーラン「侍」は完成した。

(5) TOSS体育よさこいソーランINネパール訪問記⑤ブンガマティ村寺院広場の発表

16時10分、ブンガマティ村寺院広場に向かって全員出発する。途中、村に入ると雨が降ってきた。子どもは傘もささないで黙々と歩いてくる。

村の入り口に着くと、村の長老が鉦と太鼓の音楽で先導してくれた。その後に私どもが並び寺院広場に行った。集合住宅の間を歩いていくので、鉦と太鼓は、自然に村人にイベントのあることを知らせる効果がある。

16時40分、小雨の降る中、交流会が始まる。最初にヤギ校長先生の歓迎の挨拶があった。ステージには英語で書かれた歓迎の幕がかかっていた。

村人は1000人くらいである。パタン宮殿跡の発表と同じように、末廣先生と義光君の発表から始まった。今回はそれにヒマラヤ小学校のけん玉の上手な子どもも一緒にステージに上がり、上達ぶりを披露した。

次第に村の人々が集まってきた。すだれの芸が始まると人々の姿が一段と多くなった。村人は300人は集まっていた。終わると大きな拍手が起こった。

ヒマラヤ小学校の女子が歓迎会で見せてくれた踊りを発表する。今回は鮮やかな赤色の服を着、お化粧もしていた。見た目にもかわいらしく、愛嬌がある。大音量の音楽に合わせて、たくみに踊った。子どもはややためらい、はにかみながらも堂々と踊った。音響効果のためか、村人は400人になった。子どもは階段に腰かけ、大人は寺院のたたきで眺めていた。寺院は観音様を祀ってあるという大きな建物である。雨にもかかわらず周りの集合住宅の前にも村人は、びっしりと佇んでいた。

17時10分、いよいよよさこいソーランの発表である。あたりは薄暗くなっている。雨も降っている。しかし、村人は500人に膨れ上がっていた。

「どっこいしょ」「ニャティティソーラン」「侍」の順に踊る。「侍」を最後にしたのは、ヒマラヤ小学校の子どもと一緒に踊るためである。「どっこいしょ」「侍」はハッピを着ていたので暑かった。村人はじっと視線をステージに向けていた。子どもも大人も同じように見つめている。曲が大きな音響で広場に響き渡る。ヒマラヤ小学校の子どもの踊りは最高であった。どの子どもも動きが大きく、しっかりと踊っていた。

踊り終わると大きな拍手が湧き起こった。子どもと私どもは握手をし、抱擁し、成功を体で喜び合った。交流は大成功であった。まさか、村人がこんなに集まってくれるとは思いもよらなかった。ヒマラヤ小学校の子どもとの交流、ブンガマティ村の人々の交流と、今回の目的を十分に果たすことができた。

2日間の短い練習ではあったが、子どもはマスターして踊ることができるようになった。

臼井先生は、「侍」のDVDとCDをお土産として持ってきてくれた。これからもそれらを活用して、毎年、よさこいソーランを踊ってくれたらと願った。夕暮れの中を別れを惜しみながら、ブンガマティ村を去った。中には涙を流している子もいる。素晴らしい交流に子どもも私たちも心から感動していた。

（6）TOSS体育よさこいソーランINネパール訪問記⑥感動が全身を貫く

8月11日、9時30分、空港に向けて出発する。途中、ガイドでお世話になったダルマさんのお宅に寄る。奥様ともども歓待をしてくださった。手作りのお菓子、ネパール茶をいただく。ダルマさんのお陰で内容のある素晴らしい交流ができた。

11時過ぎ、カトマンズ空港に到着する。税関で手続きをして、13時30分発の便でタイ・バンコク空港に向かって出発する。バンコクで5時間休憩して、22時10分、成田に向けて出発する。

8月11日、6時20分、無事に成田に着く。長い旅であった。しかし、私の頭は感動で一杯であった。

① ヒマラヤ小学校の子どもとの交流を通して、日本の文化を伝えることができた。日本の文化はネパールの方々にも理解していただくことができた。

② 小学生だけでなく、旧王宮広場、ブンガマティ村の寺院広場でのよさこいソーラン交流で、多くのネパールの大人の方々にもよさこいソーランを紹介することができた。
③ ネパールの子どもの学校生活を知り、たくましく学んでいる姿を知り感動した。何事にも熱中し、進んで学ぶ姿に驚いた。知的好奇心が日本の子どもよりある。
④ ネパールの衣・食・住を体験し、新しい国づくりをしている熱気を感じた。同時にヒンズー教、仏教の寺院が多く、信仰の深い民族であることを知った。古い寺院が多く、日常生活の中に宗教が存在していた。
⑤ ネパールの方々のやさしさ、親切な対応に感激した。学校の先生方、案内してくださった方々、村の人たちと大変好意的な対応をしていただき、感謝している。
⑥ ネパール日本大使館を訪問し、ネパールでの活動を報告できたのはよかった。大使から直接ネパールの国政を説明していただいた。同時にTOSS、よさこいソーランの活動について詳しく報告できた。
⑦ 吉岡大祐氏の果たされている役割について、実際に目で見、確かめることができた。吉岡氏の夢が多くの方々の協力でヒマラヤ小学校という形になって、現実に教育がなされていることに驚くと同時に心が打たれた。
⑧ よさこいソーラン交流に日本から参加された先生方に敬意を表したい。それぞれの役割をしっかりと果たし、目的を十分に達することができた。それぞれの立場の仕事を通して、楽しい交流会になった。
⑨ この成果を今後の活動に生かしていきたい。世界の子どもによさこいソーランを通して、日本の伝統文化を伝えることの意義を確認し、活動は価値あることを実証できた。

以上のことは、実際にネパールに来て体験して学ぶことができた。学んだことをこれからの人生に生かしていきたい。ネパールでの感動を一生涯忘れることなく、しっかりと地に足をつけて生きていくことを決意した。

そして、私立小学校を設立するという夢の実現に向かっていくことを決意した。

第2章

逆上がりは誰でもできる

段階別台付き鉄棒の練習の一コマ

1 誰でも本当にできる逆上がり

――追試による検討――

(一) 逆上がりの実践追試のお願い

昭和65年5月の20代教育技術講座が東京で開かれた。

私は「誰でもできる楽しい体育」ということで、「逆上がりは誰でもできる」という話をした。

その中で、「逆上がりの実践追試のお願い」を次のように行った。

逆上がりの実践追試のお願い

飯田勝己氏の「段階別台付き鉄棒」の方法によって、私の指導している帰国子女学級の子どもたちが26名中、25名できるようになりました。

たいへんすぐれた方法だと考えます。できましたら次の方法で追試され、結果をお送りくだされば幸いです。

1　持久懸垂を測定する（全員）。
（あごが鉄棒より下にさがったら終わりとする）

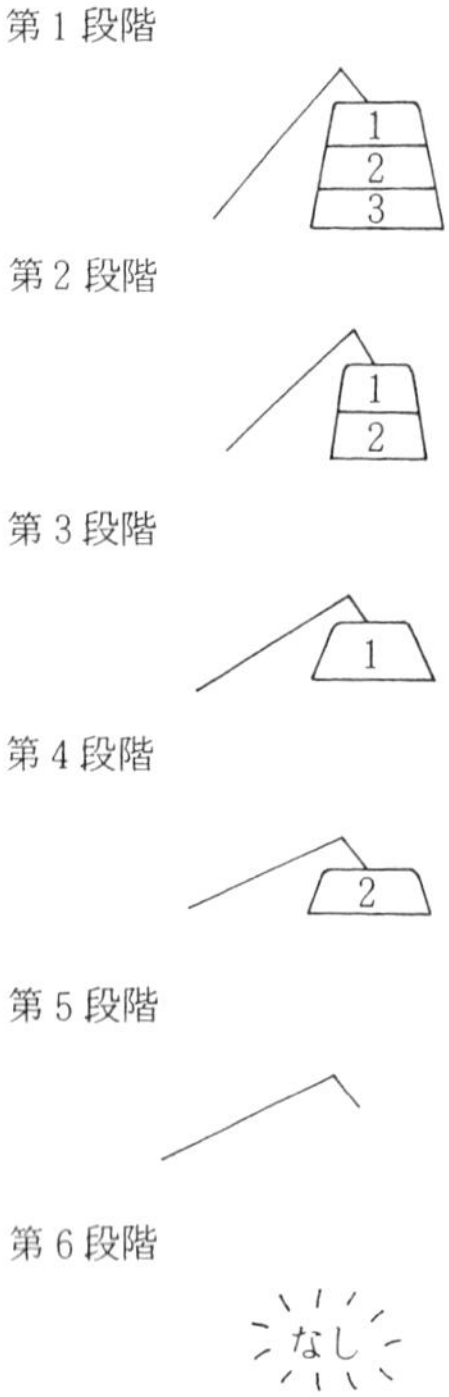

2　段階別台付き鉄棒で練習する。

①　一つの段階が連続5回以上できたら、次の段階へ上がる。

②　自力でできない時は、教師が補助をし、回る感覚を身につけさせる。

③　①と②を交互にくり返していく。

3　条件

・対象　逆上がりのできない子ども

・練習時間　1日1回　約20分

4　一般的手順

①　練習の前に持久懸垂を測定する。

②　第1段階から第6段階まで順に行う。

③　逆上がりが何日でできたかを調べる。

④　逆上がり成功日の持久懸垂を測定する。

5　結果（この用紙だけお送り下さい）。

あて先

〒284　千葉県四街道市千代田2―6―14　根本正雄

①第一時の逆上がりの結果と持久懸垂の結果をお書きください。

持久懸垂を測定する子ども

（名簿がありましたら、直接それに書いても結構です）。

②逆上がりのできない子どもの成功日数と持久懸垂をお書きください。

県・都　　　小学校　年　組　男子　名　女子　名

	男子			女子		
番号	できる○	できない×	持久懸垂	できる○	できない×	持久懸垂
1			秒			秒
2						
3						
4						
5						
6						
7						

この「お願い」で約20名の方々が追試をしてくださった。追試を通して、段階別台付き鉄棒が有効であることが実証できた。

そのあと9月に入り、明治図書の江部満氏より本書の原稿依頼があった。前記のような方法で全国の先生方に追試をしていただき、それをもとにまとめようと考えた。

「逆上がり通信」を発行し、協力をお願いいした。

逆上がり通信　No.1　１９８５・10・８

一　９月18日、私の出版記念パーティー（『楽しい学習活動のさせ方』明治図書）が終わり、高柳先生と自宅に帰りました。高柳先生は、電車がなくなり、私の家に泊まることになりました。

いつもは手紙が来ているかを確かめるのですが、その日は酔っていたので、そのまま寝てしまいました。

翌日、高柳先生とあわてて家を出たので、手紙受けを見ずに学校へいきました。

何とその日に、江部常務さんから、「逆上がりは誰でもできる」の原稿依頼の速達が来ていたのです。翌日は新しい手紙が来ており、江部常務さんからの速達は前に来たものとばかりに勘違いをして、そのままにしてしまいました。

それに気づいたのは9月23日でした。22日が運動会で23日が代休で手紙を整理していました。発見して驚きました。すぐに御返事を書き、郵便局に小包をとりに行きました。原稿用紙もいっしょに送られてきていたのです。

二　「逆上がりは誰でもできる」の中で、次の二点を主張していきたいと考えます。

> 1　肥満の子どもでも、腕の力のない子どもでも、誰でも逆上がりはできる。
> 2　「追試」によって、一つの教育技術が開発され、確立することができる。

これまで何人かの先生方に追試をしていただきました。私の実践とそれらの報告によって、逆上がりは誰でもできることが実証されつつあります。

肥満でも腕力がなくとも、誰でもできるのです。持久懸垂を調べることによって、それが確かめられていきつつあります。

持久懸垂が0秒でも続々とできています。なぜ0秒でもできているのか、その理論的な裏づけも具体的に行っていきます。

同時に教育技術の開発と確立の方法が、「追試」によってできることを論証していきたいです。

一つの方法が本当に有効かということが、これまでは確かめられず、広がりませんでした。多くの追試を通して、一つの技術が確立していく様子を書いていきたいです。

三　そのためには、「追試」の事例を多く集めなければなりません。できるようになった事例、どんな子どもをどのようにしたらできたかという事例をできるだけ多く、全国から集めていきます。どれくらいの事例が集められるか。約２０００人くらいの子どもの実践が必要です。

二〇代教育技術講座、合同合宿に参加された方々にお願いしていきます。だぶっている場合もありますので、約２００名になります。

半分の先生方が協力して下さるとしましても１００名です。一クラス30名としまして、３０００名です。今まで、一つの技術についてこれだけ多くの実践の報告があったでしょうか。しかも体系的に行ったものが。もし、逆上がりについての「追試」がまとまれば、これは教育史上、まれな出来事になるでしょう。「跳び箱」から始まって、法則化運動の実践の中から生まれたものです。教育価値は大きなものがあります。ぜひとも成功させ、これからの新しい教育技術の開発と確立のための土台を作っていきたいです。

逆上がり通信　No.2　１９８５・10・10

一　10月5日、全国の先生方に、次のような往復はがきを出しました。２００名です。

二　何人の先生方が追試してくださるか楽しみです。とにかく一人でも多くの先生方にお願いしたいです。本当にできるようになるのか、自分の手で実践してみることが大切です。実践してみて、初めて本当かどうかがわかります。

三　実践をするということはたいへんなことです。しかも続けるということは。

その中には、教師の燃えるような願いがなければできない部分があります。特に最後の一人がそうです。最後の一人ができるようになった時、教師の腕は上がるのです。「どんな思いをしてもできるようにさせたい」という願いがなければ、実践は続きません。

逆上がりを通して、体験してください。

前略
　新潟合宿、二〇代合宿ではたいへんお世話になりました。
　おかげ様で、「逆上がりは誰でもできる」の原稿依頼をいただき、一冊にまとめさせていただくことになりました。
　つきましては、多くの追試の実践をいただきまして、まとめたいと考えております。たいへんお忙しい中とは思いますが、左記の要領で実践していただければ幸いです。

記

一　内容　逆上がりの追試をしていただき、報告していただく。
二　〆切　11月30日
三　追試をしていただいた実践はすべて、著書で報告させていただきます。

<往　信>

「逆上がりは誰でもできる」
追試のお願いについて

　追試を報告していただける方には、後ほど追試の内容と報告用紙をお送りいたしますので、住所・氏名・学年をおかきの上、お送りください。

氏名
住所
学年

※『楽しい学習活動のさせ方』、お申し込みございましたら、お願いいたします。

（　）冊

<返　信>

逆上がり通信　No.3　1985・10・12

一　10月7日、夜9時ごろ、広島県の出原真一先生から電話がありました。逆上がりの追試のはがきを御覧になったということでした。

ぜひ追試をしたいので要領と報告書を送ってほしいということです。

5日に出しましたから、2日で届いたことになります。電話のお話ですと、校内で鉄棒を研究されているということです。ぜひとも追試をしていただきたいとお願いいたしました。

二　10月9日、11名の先生方からお便りがありました。よい実践をお送りくださることを願っています。

追試の報告がありしだい、この通信に載せ分析していきます。できましたら報告用紙といっしょに、できるまでの子どもの様子をまとめていただくとありがたいです。(学級通信にまとめたのでも結構です)

三　これまでに追試をいただいている先生方は20名です。

今までの追試ですと5～6年生が多いです。1～3年生の事例が少ないようです。ぜひ1年生の追試がほしいです。1年生では、どれくらいの持久懸垂でできるのかのデータがほしいです。

このようにして、10月末日までに95名の追試の申し込みがあった。

(二)　追試の結果　達成率

結果をまとめると次のようになる。

83事例が報告された。調査対象人数は2595名である。

北海道から福岡まで全国の先生方から追試の報告があった。

福井の高橋正和氏は1年生を除いた全校の子どもたちを対象にし、全員できたという報告をしてくださった。

学年	事例数	対象人数	できない人数	段階別台付き鉄棒でできた人数	できた割合
1年	8	262人	122人	91人	74.6%
2年	3	81	21	21	100.0
3年	11	323	83	62	74.7
4年	14	405	110	78	70.9
5年	25	730	173	148	85.5
6年	21	734	129	98	76.0

対象人数	2595名
できない人数	638名(24.7%)
練習でできた人数(段階別台付き鉄棒)	492名
できた割合	77.1%

また京都の室木義浩氏は、養護学校の5年生を対象に追試をしてくれた。2名ともできるところまではいかなかったが、それでも段階は進み、伸びたという。

同じ京都の岡田登茂子氏は、6年生全体で実践されたという報告をしてくだった。学年で追試をしてくださったのである。

逆上がりのできない子どもは、638名であった。段階別台付き鉄棒でできるようになったのは492名である。割合にすると77・1%である。

約2ヵ月間の練習である。毎日やった学級もあれば、体育の授業でやったところもある。回数は全部同じではないが期間としては限られた中である。

その中で、できなかった子どもの約8割ができるようになったのである。段階別台付き鉄棒の有効性がわかる。

83事例中、38の学級で達成率が100%になっている。約半分である。100%にならない学級でもそのまま続いていけば、全員できるようになる可能性がある。

私の実践では3ヵ月続ければほとんどの子どもができた。

次に学年別に達成率を調べてみた。

どの学年も70%以上の達成率を示している。学年に関係なく70%以上である。これはどういうことを意味しているのであろうか。

注目すべきは1年生、2年生の報告である。一般的に逆上がりは筋力がないとできないという考えがある。

しかし、１年生８学級中、３学級の子どもたちが全員できるようになっている。平均でも74・６％である。２年生では事例が少ないが１００％の達成率である。

筋力がそれほどないと思われる１・２年生でも段階別台付き鉄棒によってできるのである。

これは筋力というよりも協応動作が身につくためではないかと考えられる。段階別台付き鉄棒は手と足の協応動作を身につけるのに有効なのである。

2　飯田・根本式　段階別台付き鉄棒

1　準備、場の設定

①跳び箱（３段）と踏み切り板を用意する。

②下図のように、跳び箱の高さを調節して、踏み切り板の角度を変えていく。

【飯田・根本式段階別逆上がり練習法】

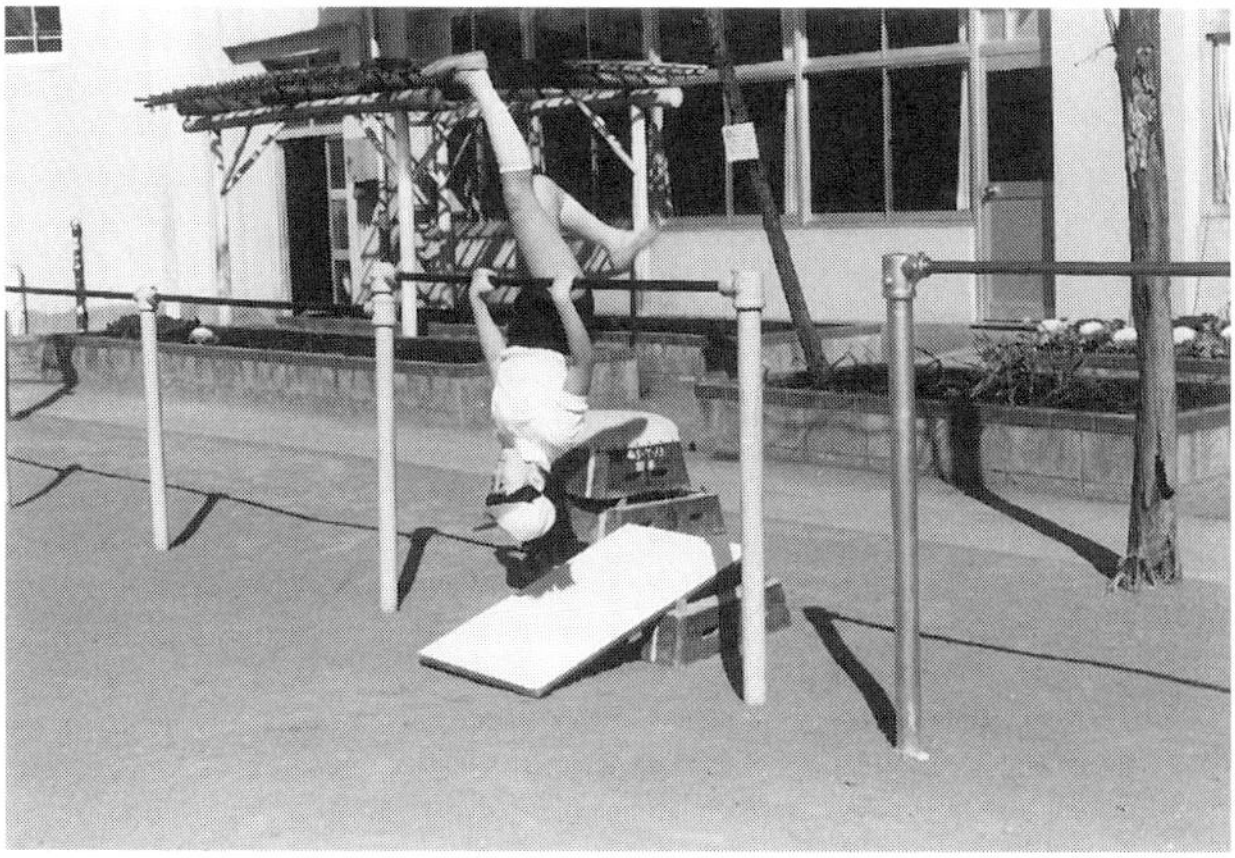

2　方法

①　1つの段階が連続して3回以上できたら、次の段階へ上がる。
②　自力でできない時には、補助をして回る感覚を身につけさせる。
③　①と②を交互に繰り返していく。

3　留意点

①　跳び箱がない時には、タイヤでもいいし、木の箱でもいいです。踏み切り板がない時には、木の板かコタツの台を使ってください。
②　両足は前後に構えます。蹴り足を前に振り上げ足を後ろにします。この状態から、坂になっている踏み切り板をかけあがります。
③　足を蹴るのと腕の引きを同時に行います。蹴ると同時に視線は後ろに向けるようにします。
④　鉄棒の高さは、最初は胸の高さで練習します。第5段階あるいはなしで練習する時には、胸と腰の間くらいの高さにしてください。

3～4歳の子は、どんな基礎練習をしておいたら良いかというと、逆さ感覚、腕支持感覚をつけるようにしてください。

逆さになっても平気だったり、腕で自分の体を支えられるようにしたりしてください。

逆さ感覚、腕支持感覚を身につけるのに良い運動は、足打ち跳び、手押し車、逆立ち遊びなどです。

3　逆上がり　動きの系統と習熟過程

1　動きの系統

ジャングルジム逆上がり

↓

登り棒で足抜き回り連続

（前後）

↓

逆さ感覚

○こうもり振り

○おさるさん

○ふとんほし

足抜き回り

回転感覚

○マット　前転　後転

○鉄棒　　前回りおり

○登り棒　足抜き回り連続（前後）

↓

逆上がり

↓

振りの感覚

○けんすい振り

○への字振り

連逆上がり

高さ感覚

○ジャングルジム登りおり

○鉄棒の上を歩く

○鉄棒にすわる

2　習熟過程

<table>
<tr><td rowspan="2">鉄棒</td><td>両足踏み切り</td><td>⑥　高鉄棒で
⑤　それぞれの高さで連続
④　頭の高さで
③　肩の高さで
②　胸の高さで
①　腰の高さで</td></tr>
<tr><td>片足踏み切り</td><td>⑥　高鉄棒で
⑤　それぞれの高さで連続
④　頭の高さで
③　肩の高さで
②　胸の高さで
①　腰の高さで</td></tr>
<tr><td>基礎技能</td><td colspan="2">④　段階別台付き鉄棒
③　足抜き回り（前後）
②　登り棒で足抜き回り連続（前後）
①　ジャングルジム逆上がり</td></tr>
<tr><td>基礎感覚</td><td colspan="2">④　高さ感覚　　ジャングルジム登りおり、鉄棒の上を歩く
③　回転感覚　　マットの前転・後転、鉄棒の前回りおり
②　振りの感覚　けんすい振り、への字振り
①　逆さ感覚　　こうもり振り、おさるさん、ふとんほし</td></tr>
</table>

4　読売テレビ「大阪ほんわかテレビ」逆上がり指導

(1)「大阪ほんわかテレビ・親子ハッピー計画」逆上がり収録

２０１０年10月23日（土）、滋賀県大津市堅田に行く。大阪読売テレビ、「大阪ほんわかテレビ・親子ハッピー計画」の逆上がり指導をする。

５年生の女子である。ビールケースで段階別を作り、第１段階、第２段階まで成功した。公園の鉄棒を使っての練習である。

１週間でできるようにするということで、今週末まで行い、11月はじめにオンエアーの予定である。１週間でできないとオンエアーできない可能性もあるという。

今回、やらせや途中経過のみの報告はしないとのことで、大変厳しいディレクターさんであった。それだけに、もし１週間でできたら素晴らしい成果になる。逆上がりのできない子どもに夢と希望を与えることになる。

５年生の女子は典型的な逆上がりのできない実態であった。持久懸垂力０秒、マットの後ろ回りができない、倒立ができない状態である。

今週一杯、早朝、父親と一緒に段階別を20分間練習していく計画である。今回は、学校での練習ではなく、家庭でできる方法でという注文であった。

そこで、跳び箱のかわりとしてタイヤ、ダンボール箱、ビールケースの提案をした。板はベニヤ板を用意した。ビールケース３箱を重ねて徐々に減らしていくようにする。

１つのビールケースの高さが高いので、落差が大きいのが難点である。２箱までできた。残り５日間でできることを願っている。当日は、「ほんわかテレビ・親子ハッピー計画」の司会者の吉本興業の磯部さんという漫才師の方もお見えになり、実際に収録を行った。

とても慣れていて、楽しくインタビューを受けながら指導できた。母親も一緒に同じ方法で挑戦する。親子ハッピー計画の番組では、水泳、陸上も取り上げてきたという。番組で募集して、講師の先生にきていただいて直接指導してもらい、親子の夢をかなえるという番組だそうである。

水泳はモスクワオリンピック代表（実際は日本は不参加）の長崎宏子さんだったそうである。凄い顔ぶれに驚いた。うまくオンエアーされることを念じている。

（2）経過報告（10月26日～30日）

10月26日、読売テレビのディレクターから、ビールケース1箱の段階までいったと報告がある。その後どうするかという相談があり、「ビールケースの半分の高さの台で練習してください」と伝える。母親は鉄棒にタオルを巻いて、何もなしでできるようになったとのことである。

10月27日、ディレクターから電話で報告がある。20cmの本を台にしてできたとのことである。「この後、どうしたらよいですか」との質問に、「10cmの本の台、5cmの本の台にして練習してください」と話す。母親はタオルを巻いて、段階別2段でできたとのことである。

ディレクターは、放映までにできなくても、最後まで追いかけるという。「もう一度来てくれますか」と言われたので、「もちろん、手弁当で行きます。最後まで指導します」と答えた。

必死でがんばっている女子と母親の姿が目に浮かんでくる。何とか1週間でできるようになってほしいと強く念じる。

28日、5年女子も逆上がりがついにできたという連絡がある。夕方の6時30分ごろ、ディレクターから携帯に電話があった。

「ついに今日できました。1回だけでなく、5〜6回できましたからもう大丈夫です」

「最後はどうしてできましたか」

「指導していただいたように、ビールケース1台ができた後、20センチの本でやりました。20センチができた後、15センチ、10センチと低くしていきました。鉄棒の高さを一段低くしました。そして6日目の今日できました」

「よくがんばったと○○さんに伝えてください」

「30日、最後の収録をします。司会の磯部さんもきて本番撮りをします」

30日の夕方、私からディレクターに連絡する。

「本番はどうでしたか」「1回できました。いろいろご指導ありがとうございました」

最初見たときには、1週間では難しいと思われた女子が、6日間でできたのである。飯田・根本式段階別台付き鉄棒の有効性を実証してくれた。

公園での指導、しかも教師でなくても指導できるという事実。家庭の保護者の力でということがうれしい。

11月14日（日）22時30分から放送されるとのことである。楽しみである。

（3）1週間でできた事実

11月14日、大阪読売テレビ「ほんわかテレビ」の逆上がり指導が放映された。

さっそく見せていただいた。事前にディレクターから連絡があったが、私の指導場面は少なかった。しかし、段階別台付き鉄棒の方法については、十分に伝えていただいた。

逆上がり指導の原理は2つである。1つは体を引き上げる上方移動。もう1つは鉄棒を軸にした回転運動でである。

上方移動と言っても子どもには伝わらないので、「鉄棒におへそを近づける」という表現をした。テロップでも紹介されている。

回転運動と言っても伝わらないので、「振り上げ足を大きく後方にあげて回転する」という表現をした。これもテロップで紹介されている。

逆上がりのできる子どもとできない○○さんの比較の映像が、2分割した画面で映っている。これはよい映像である。教室でも子どもに見せてあげてほしい。

比較することによって、どこが違うのか、運動観察の視点を指摘してあげることができる。ポイントが分かりやすい。

次に段階別台付き鉄棒の指導として、ビールケースを3つ重ねてベニア板を載せた指導法が紹介され、実践されている。

学校では跳び箱を使用するが、家庭では無理である。そのための代用品である。段階別台付き鉄棒の原型である。システムは6段階のステップであるが、最初のころはこのような素朴な方法であったと思われる。

番組ではビールケース3個→2個→1個→ベニヤ板→なしの4段階しか紹介されていない。実は私が指導した最初の日に2個までできていた。そして「1個までできた後どうするか」という連絡があり、20センチの高さ、10センチの高さでできるようにしてほしいと伝えた。

ディレクターは忠実にそれを行い、見事に6日間でできるようになったのである。番組では7日間になっているが、1日はやくできている。

番組の中心は、家庭での練習光景、努力している様子がドラマ風に構成されていた。その中で布団の上での後ろ回り、壁逆立ちの練習の様子が紹介されている。

これは逆上がりに必要な逆さ感覚、腕支持感覚、後方回転感覚、脇の締めを身につけさせるために行っている。段階別と合わせて基礎技能を高めていってほしいと指導したからである。

番組を見て、○○さんはよくがんばったと思う。1日、2時間の練習。手にまめをつくり、ももにあざをつくりながら練習した様子がうつっていた。

1週間で逆上がりができる事実を、大阪「ほんわかテレビ」は伝えてくれた。

この効果は大きい。逆上がりのできない子どもに夢と希望を与えたからである。

（4）人生は逆上がりの連続　田中直行先生の「逆上がり全員達成」の記録

11月18日の田中直行先生のダイアリーに、「逆上がりができるようになった」という報告があった。素晴らしい記録である。以下のコメントを述べさせていただいた。

全員、逆上がり達成おめでとうございます。みんなの応援でできるようになったことが素晴らしいです。田中先生の指導の成果です。

逆上がりを通して、A君もY君も大きな自信を持ちました。人生は逆上がりの連続です。これから生きていく中で、今回の成功体験は貴重です。人生の逆上がりに挑戦していくことの大切さを全員の子どもに話してほしいです。

逆上がりができることも大切ですが、これからの人生に生かしていくことにより価値があります。

個人の努力とみんなの力と合わせて達成した、逆上がり全員達成のセルフエスティームは、これからの人生の原体験になります。

人生の壁にぶつかったとき、この原体験を共有した仲間がいることを忘れずに、乗り越えていく指導をお願いします。人生は逆上がりの連続です。

田中先生は、続いて「逆上がりができるようになった2～見ていた子の感想～」をダイアリーに紹介している。それに対してもコメントをした。

1人の子どもの努力を全員の子どもが認め、受け入れていっている学級経営が素晴らしいです。逆上がり指導を学級経営の核と位置づけ、全員逆上がりを達成した感動が、子どもの感想から伝わってきます。そこにクラスとしての連帯感、一体感ができます。田中学級でよかったという喜びが生まれます。自分の居場所ができます。

第3章

楽しい体育の授業づくり

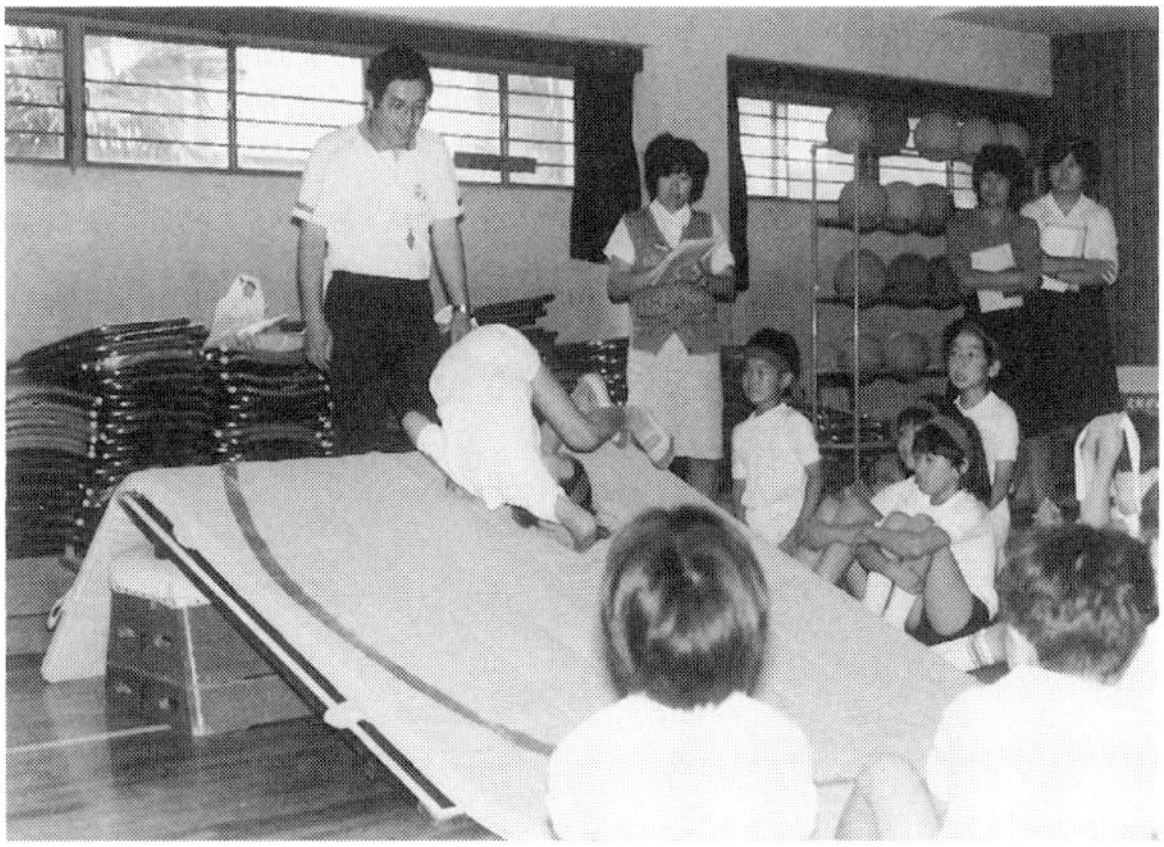

斜面で前回りを練習する子ども

体育授業の実践を様々行ったがその実践がどれくらい価値があるのかを知りたかった。そこで『学校体育』（日本体育社）に投稿し、掲載された。私にとって記念すべき論文である。

投稿

□□□-□□

1　子どもが楽しく取り組む跳び箱遊び

千葉大学教育学部附属小学校　根本正雄

『学校体育』昭和五十七年十一月号（日本体育社）

はじめに

子どもが運動場で、馬とびやタイヤとびをして遊んでいるのをよく見かける。中学年の児童にとって、障害を克服しようとする意欲は高い。なぜなら、障害をとび越したときの成功感は、緊張を伴う快感があるからである。

基本の運動におけるとび箱遊びのねらいは、種目としてのとび箱運動ではなく、とび箱を通して、子どもにとって必要な基本的な動きを身につけさせることにある。つまり、子どもたちがいろいろな課題を考えて、その達成に向かって夢中になり、力いっぱい楽しく活動できるようにすることである。

そこで、とび箱遊びでは、次のような観点から指導にあたりたいと考える。

(1)　多様な動きができるような場の工夫を図る

(2)　遊び方を工夫して、楽しく遊ぶことができるようにする

しかし、実際の指導をみると、一つ二つの運動をくり返し練習させ、単調な授業となったり、子どもたちに遊び方を工夫させず、教師から一方的に教える授業が多い。また能力差を考慮しないで、効果的な練習ができる場の工夫がなされていない場合がある。そこで本時では、次の二点に留意して展開した。

(1) 連続してとべる場の工夫を図る
(2) とび方を変えたり、とび箱の条件を変えて遊びの工夫を図る

一、学習計画

(1) 三年教材　とび箱遊び
(2) 目標
・とび箱を使った遊びを工夫して楽しくできる
・器具の使い方や運動の仕方を守り、運動ができる
・運動する場所の安全を確認したり、協力して器具の準備ができる
(3) 指導計画

過程	学習内容
1	・いろいろなとび箱遊びをする
2	・工夫した障害で、とび箱遊びをする
3	・工夫したとび方で、とび箱遊びをする

二、指導上の留意点

(1) 連続してとべる場の工夫
従来は一台のとび箱だけでとんでいた。しかし、それだけでは動きが単調になり、子どもの意欲は高まりにくかった。子どもの意欲を調べてみると、一台のとび箱よりも二台、三台と連続してとんだ方が楽しいという結果がでた。とび箱の台数は何台がよいかと考えると、二台では抵抗感がなく興味がおきない。三台では持ち技がふんだんに使用できない。そこで四台のとび箱が適当かと考え、四台を連続してとばせていく中で、楽しいとび箱遊びにしていきたい。

(2) とび箱の条件を変えたり、とび方を変えて遊びの工夫を図る
遊び方の工夫としては、自分の持ち技を増やし、多様な動きができるようにしていく中で、楽しさを味わわせていきたい。一つでも二つでも新しいとび方ができたとき、子どもたちの目は輝き、次の課題へと向かうと考える。

とび箱の条件の変化としては、とび箱の高さや踏み切り板の距離を変えていく。条件が変わっても自分の工夫したとび方でできるか、挑戦していく。

以上の二点に留意して、子どもが主体的に学習に参加し、楽しいとび箱遊びができるように考慮した。

三、本時の学習

(1) 本時のねらい

・とび箱のとび方を工夫して、多様な動きができるようにする
・安全に留意し、協力して器具の用意ができるようにする

(2) 展開（4／5）

学習活動	指導の方法
・本時のねらいを確認し、とび方を工夫する観点について話し合う	・とび方を工夫する観点を発表させ、動きを工夫する方法を理解させる ・よい動きを見させ、新しいとび方ができるようにさせる ・正しい動きができなかった場合には、チャレンジコーナーにいって練習させる
・手をつく ・またぎ越す ・踏み越す ・グループごとに練習し、工夫する ・何種類できたかを評価し、はちまきの色を変える ・本時のまとめをする	・自分の工夫したとび方を数えさせ、前時とくらべてどれだけ増えたかをはっきりさせる ・特に伸びた子どもにとばせ、みんなで認めてあげるようにさせる ・工夫する観点がわかり、動きを見つけていくことができるようにさせる

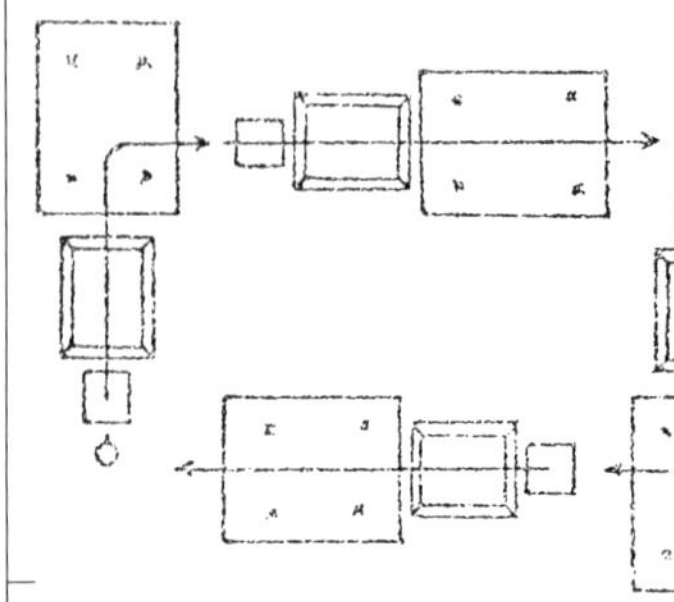

▲とび箱の配置例

四、学習の結果

(1) 第一時、第三時、第五時の意識の変容を調べると表①のような結果となった

理由を調べてみると、楽しい理由としては、「いろんなとび方ができるから」というのが一番多い。次に「高い所でもできるようになったから」。三番目に「動きを工夫してとべるようになったから」というのが多い。そのほかに「空中に浮かぶから」とか、「できるようになったから」というのが多い。

こうしてみてくると、とび箱の条件を変えたり、動きの工夫を図ることによって、子どもの楽しさは高

まっていったようである。

(2) とび箱の台数による意識の変容は表②のようになった。

表①

	第1時	第3時	第5時
たいへん楽しい	10人	13人	15人
楽しい	10	15	18
ふつう	17	9	5
つまらない	1	1	0
たいへんつまらない	0	0	0

表②

	第1時	第3時	第5時
1台の方が楽しい	6人	4人	2人
4台の方が楽しい	32	34	36

これをみると、四台を連続してとんだ方が楽しいというのが多い。その理由としては、「休まないで連続してとべるから」というのが一番多い。次に「いろいろなとび方ができるから」が多い。三番目が「高さがちがっているのでおもしろい」というのが多い。

これらのことから、連続して何台かのとび箱をとび越すことは、子どもにとって楽しく、運動の欲求を満足させるものといえそうである。

(3) 子どもの感想から——原文——

とびばこは、自分で作ったとび方をとぶことをやりました。さいしょ、高畑さんのとびかたと、平山さんのとび方と、堂後君のとび方でやりました。堂後君のとびかたはとてもむずかしそうでした。それは、またぎごしをやって、一回転するのです。ぼくはこれを一生けんめいれんしゅうしたら、できるようになりました。体育がおわったら、一生けんめいやったのかあせがだらだらでてきました。とてもつかれましたが、自信のなかったとび箱ができるようになり、よかったです。

大川 聡

まとめ

楽しいとび箱遊びの実践を通してわかったことは、子どもが意欲を持って取り組むには、従来のような固定した教材ではなく、子どもの欲求に根ざした場づくりをしていく必要があるということである。一台よりも四台の方が動きの変化ができ、しかも条件も多様に設定できる。そういう場によって、運動の楽しさは深まり、主体的な活動ができるといえる。

また学習過程としては、条件を変えたり、動きを工夫させることにより、子どもの創意や工夫ができるようにすることが大切であるといえる。子どもの感想の中に、自分なりに動きづくりができたり、高い条件を克服したときに楽しかったというのが多く見られた。

　基本の運動のとび箱遊びでは、このように、子どもの主体的な活動が多くできる展開を考慮していくことが大切であるといえる。

　しかし、問題なのは、動きを工夫させる中で、工夫する観点が明確でないと、発展した質の高い動きはでてこない。かえって危険な動きがでてきたり、遊びにおわってしまう。

　また条件を変えていく中で、児童の欲求を中心にしていくと、安全面の配慮が欠け、けがにつながっていく。それらの点について、教師が細かな手だてをこうじ、学習して高まりのある内容を指導していくことが大切であると考える。

（千葉市弥生町一ノ三三）

〈参考文献〉
矢野久英編著『楽しいプレイの工夫と学習指導』小学校低学年の体育、日本体育社

2　子どもが生き生きと取り組むマット遊び

1. 単元　マット遊び

2. 目標

○マットを使って、いろいろな運動遊びを工夫し、回る動きが調子よくできる。
○めあてに向かって、楽しく、協力して運動ができる。

3. 単元について

緑の美しい土手や野原に、子どもたちが遊んでいる。暖かいそよ風の中を走ったり、跳んだり、ボール投げをしながら遊んでいる光景は、実に楽しそうである。

中には、やわらかな芝生の上ででんぐり返しをして遊んでいる子どももいる。でんぐり返しは、子どもにとって楽しい遊びの一つであり、この自然な遊びを教材化したのが本単元である。

基本の運動は、技能の習得というよりも、自分の体を思うように動かすことに楽しさや喜びを体験させる運動である。本単元のマットでのまわりっこも、細かな技能指導をするのではなく、土手や野原ででんぐり返しをしているような、回ることの楽しさや喜びを体験させることがねらいである。

子どもは平らな所よりも、変化のある斜面で転がりたいという欲求を持っている。その欲求を大切にし、遊びに夢中にさせ、運動それ自体を楽しめる場の工夫を図っていく。

さらに条件を加えながら、その遊びを発展させ、より困難な障害を克服していく中で、自分の体を思うように動かすことができるようにする。

子どもは4月以来、歩・走・跳の運動、用具を使った運動・ゲームなどの運動を中心に学習してきた。その結果、走ったり、歩いたり、ボールを使ったり、ゲームをしたりする楽しさは味わっている。

しかし、器具を使った運動についての事前調査によると、鉄棒、跳び箱、マットに対する意欲が低いことがわかった。主な理由として、できないから、運動が単調だから、失敗すると痛いからなどを挙げていた。

また、実際の指導を見ると、教材の与え方が単調であるため、子どもの運動欲求は満たされず、楽しい体育にならない。画一的なめあてが多く、個々の子どもの能力に応じためあてを持たせることができない例も見られる。

そのために、変化のない場面で運動したり、全員が同じ課題に向かって運動をしていくために、運動嫌いの子どもを作るという問題も生じている。

そこで、次の点に留意して指導していく。

1．変化のある器具、用具の設定を図る。

2．能力に応じためあてが持てる場の工夫を図る。

3．子ども自身ができる自己評価の工夫を図る。

従来のような平面上のマット運動ではなく、遊びを通しながら基本的な技能が身につくような変化のある場を工夫する。

例えば、坂道のマットでは、回転力が弱く回れない子どもでもスピードがつくために、回ることができるようになる。

平均台では、そのまま回ると落ちてしまう。そこで腕の脇をしめ、腕で支えるという基本的な動きが遊びの形で達成できる。

次に、個々の子どもの能力に応じためあてが具体的に持てる場の工夫を図り、練習ができるようにする。例えば、坂道の傾斜や平均台の高さを変え、自分の力に合ったものを選択し、めあてを持たせる。

また、学習の見通しが立てやすく、たえず自己の進歩の姿が確認できる学習カードを作成する。それに基づいて子ども自身が評価し、自己修正ができるようにする。

評価の観点としては、①落ちない、②とぎれないの二つにしぼり自己評価をする。その過程で意欲を高めていく。

4．指導の構想

(1) どのように指導するか

【このような子どもに】

○走ったり、歩いたり、ボールを使ったり、ゲームをしたりする楽しさは味わってきている。

○器具を使った鉄棒、跳び箱、マット遊びは十分に経験していない。

↓

【こんな指導で授業をすると】

1. 場づくり
2. 発問・指示
3. テクニカルポイント

↓

【これを検討し】

1. 変化のある器具・用具の設定を図る工夫
2. 能力に応じためあてが持てる場の工夫
3. 子ども自身ができる自己評価の工夫

↓

【これに気づき】

1. 遊びを通しながら基本的な技能が身につく変化のある場にする。
2. 自分の力に合った場を選択し、めあてを持つ。

3．①落ちない、②とぎれない観点で自己の進歩の姿が確認できる学習カードを使用する。
←マットを使って、いろいろな運動遊びを工夫し、調子よく回ることができる。

(2) どんな指導法で

① 場づくり

ア、坂道

前回りや後ろ回りのできない子どもは、マット遊びが嫌いである。楽しくできるには、遊びの中でつまずきが除去され、自然にできてしまう工夫をする。

坂道は、回転力が弱く回れない子どもでもスピードがつくために、スムーズに回ることができる。できない子どもは、坂の上から下に回っていくようにする。できる子どもは、坂の下から上に回っていくと負荷がかかり、楽しいマット遊びになる。

イ、橋

2本の平均台の上にマットをのせて、その上を回るようにさせる。スリルがあるために、子どもの意欲は高くなる。より高い障害を克服しようとする欲求が満たされた時、マット遊びの楽しさは大きくなる。

平均台の上で、そのまま回ると落ちてしまう。落ちないようにするには、腕の脇をしめ、しっかり支持するという基本的な技能が必要とされる。

橋の上を回るという遊びの形で活動した方が、子どもは楽しく学習に参加してくる。

ウ、斜面

前回りや後ろ回りをさせると必ず右や左にひじが曲がり、倒れる子どもがいる。ひじを伸ばしてとか、力を入れてと言ってもすぐには直らない。

そこで斜面を作り、斜面をまっすぐに回るようにさせる。すると、斜面の下の腕をしっかりと伸ばし、体を支えないとできない。

斜面を回るには体を小さくし、正しい回り方の合理的な動きができないといけない。はじめはできなくとも、遊びを通していくと、何度でも挑戦していき、最後にはできるようになる。

エ、台の平面

台の上にマットを並べて、高さを変えたものである。坂、斜面、平均台に比べるとやさしい。しかし、床より高い所を回るので不安もある。ゆっくり回らないと落ちてしまう。ゆっくりと正しい動きで回ることが必要とされる。

高い所でも回れたという自信は、子どもに大きな喜びをもたらす。平面を回っているよりも克服感が大きい。マットの嫌いな子どもも、自分から進んで運動するようになる。

オ、条件を変えてコースを作る

坂道、斜面、平均台、台と変化のある場ができたら、次は条件を変えて新たな楽しさを引き出していく。

Aコース、Bコース、Cコース、Dコースと条件の異なるコースを設定しておく。

Dコースが一番条件が容易である。坂道もなだらかにし、平面に近くしてある。斜面もゆるやかで回りやすくなっている。平均台の幅も広くしてある。台の高さも低くしてある。
C、B、Aになるにつれて条件がむずかしくなる。子どもの能力に合ったコースで練習させる。そこが完全にできるようになったら、次のコースへ挑戦させていく。
子どもは、自分の力以上の場で練習したがる。力に合ったコースでできるように指導していく。

②発問・指示

【指示1】マット遊びをします。マットの準備をしなさい。五分間で用意しなさい。

【発問1】とぎれないで、調子よく回るにはどうしたらよいですか。

【指示2】めあてに応じた場を選択し、練習しなさい。

【発問2】平均台から落ちないようにするには、どうしたらよいですか。

【指示3】学習カードを使い、自己評価をしなさい。

【指示4】めあてができたかをまとめなさい。

【指示5】用具の後片付けをします。グループで協力して5分間で行いなさい。

③テクニカルポイント（後転）

つまずき

回転のスピードがつかず回れない。

テクニカルポイント

○腹とももの間を開き、おしりを遠くにつくようにする。

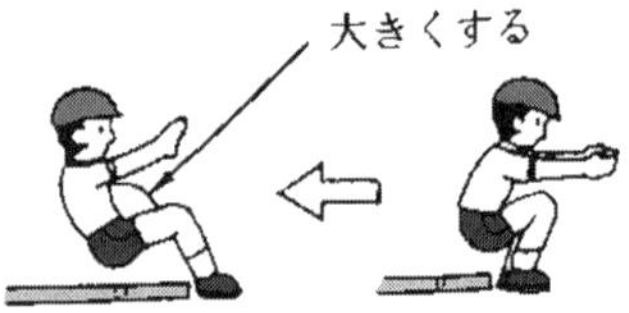

練習方法

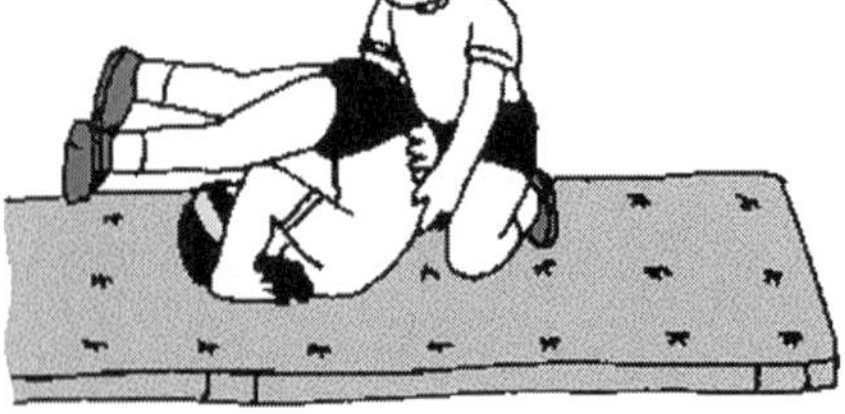

両手で体重を支える

5. 指導計画（6時間扱い）

第一次　学習計画を立て、マットを使った運動遊びを考える。……………………2時間
第二次　いろいろな場面での回る動きを工夫して、前転や後転をする。…………2時間
第三次　いろいろな条件を加えて、前転や後転が調子よくできるようにする（本時1／2）。……2時間

6. 本時の展開

(1)　目標

○条件が変わっても、前転や後転が途切れないで調子よくできる。
○協力して用具や器具の準備や後片付けができる。

(2)　展開　（○指導事項　□子どもの変容）

【指示1】ボールを使った運動をします。音楽に合わせて動きなさい。
○音楽に合わせて、つく、投げる、回すなどの動きを大きくできるようにさせる。
□リズムに合ったボールの操作ができる。
【指示2】マット遊びをします。マットの準備をしなさい。5分間で用意しなさい。
○グループごとにマット、用具・器具を準備させる。
○終わったグループは、終わらないグループを手伝わせる。
□5分間で協力して準備できる。
【発問1】途切れないで、調子よく回るにはどうしたらよいですか。
○自分のつまずきを発表させ、話し合わせる。

○手のつき方、頭のつき方などを考えさせる。
□途切れないで、調子よく回る方法がわかる。
【指示3】めあてに応じた場を選択し、練習しなさい。
○自分の力に合った場に行き、めあてを達成させる。
□各自のめあてに応じた場を選択し、練習できる。
・調子よく前転、後転ができる。
・助け合いながら、協力してできる。
【発問2】平均台から落ちないようにするには、どうしたらよいですか。
○自分がうまくできた時の感じをもとに考えさせる。
【指示4】学習カードを使い、自己評価をしなさい。
○学習カードをもとに、個々の運動が調子よくできるようにさせる。
・両腕で体をしっかり支えてから前転、後転をさせる。
・体重を腕に移動させながら前転、後転をさせる。
□自己の力の伸びが確認できる。
【指示5】めあてができたかをまとめなさい。
○調子よく回る方法についてまとめをし、次時のめあてをつかませる。
□調子よく回る方法がわかる。
【指示6】用具の後片付けをします。グループで協力して、五分間

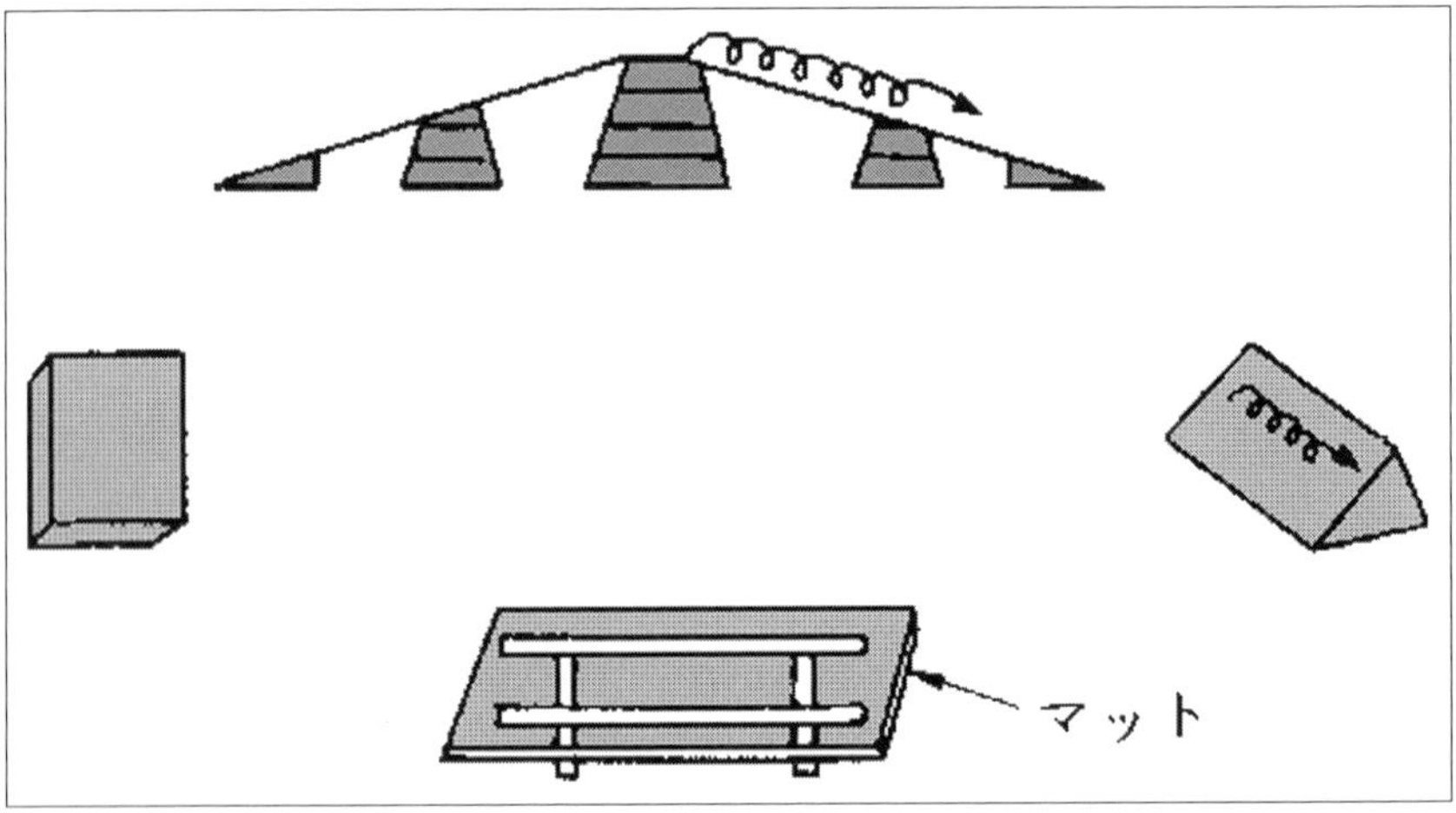

で行いなさい。
○時間内で後片付けができるようにさせる。
□協力して、すばやく後片付けができる。
【指示7】 整理運動をします。大きく動きなさい。
○教師の動きに合わせて、ゆっくりと大きく行わせる。
□落ち着いた気持ちになる。

坂道

3　誰でもできる側方倒立回転の指導

1. 単元　側方倒立回転

2. 目標

○腰の伸びた側方倒立回転ができる。
○自分たちのつまずきを考え、側方倒立回転の技術ポイントを理解しながら練習できる。
○役割を分担し、協力しながら練習できる。

3. 指導計画

第一次　大きな、腰の伸びた側方倒立回転の練習をする。……………（本時3／3）3時間
第二次　側方倒立回転を入れた組み合わせ技の練習をする。……………………3時間

4. 本時の展開

① 目標
○着手の方向を見ながら、スムーズに立ち上がることができる。
○友達と見合い、仲良く練習できる。

② 指導に当たって

側方倒立回転には、３つの技術ポイントがある。１つは、回転加速の技術である。これは、立ち足を進行方向に向けて回転するとスピードが出て、回りやすくなる。第1時で行った。

２つ目は、倒立の技術である。倒立になった時の着手と目の位置である。倒立した時、どこを見るかで動きが変わってくる。第2時で行う。

３つ目は、立ち上がりの技術である。立ち上がる時、バランスがくずれたり立ち上がれなかったりする。スムーズに立ち上がるには、最初についた足を着手の方向に向けることである。

子どもは側方倒立回転ということで、両足を並べて立とうとする。

本時はスムーズな回転で立ち上がるために、どうしたらよいかを考えさせ、練習ができるようにしていく。

③　展開　（6時間扱いの第3時）（○指導事項　□子どもの変容）

【指示1】太鼓のリズムに合わせて走ります。止まった時、隣の人とぶつからないようにします。

○太鼓のリズムに合わせて走、スキップ、ギャロップなどの動きをさせる。

○同じ方向に走らないようにさせる。

□リズムを聞いて、軽快に走ることができる。

□太鼓がなりやんだら、ぴたりと止まれる。

【指示2】カエル倒立をします。10秒以上できたら合格です。

○長くできるには、どこを見て倒立をしたらよいか考えさせる。

□手元を見るのではなく、やや視線を上げるとやりやすいことがわかる。

【指示3】足打ち跳びをします。３回以上打てたら合格です。

○上手な子どもに示範させ、腰の伸びた足打ち跳びができるようにさせる。

□両腕でしっかり支持して足打ち跳びが3回以上できる。
【指示4】二人組になり足ジャンケンをします。負けたら、勝った人をおんぶして10歩歩きます。
○やり方を一度示範してからやらせる。
○きちんとおんぶして10歩歩くようにさせる。
□両腕でしっかり支持して足打ち跳びが3回以上できる。
【指示5】二人組になり手押し車をします。足ジャンケンで負けたら、手押し車をして10歩歩きます。
○やり方を一度示範してからやらせる。
○両手でしっかりと体重を支え、大きく歩かせる。
□交替で手押し車が楽しくできる。
【指示6】マットの準備をします。場作りIのように、並べます。1分間でできたら新幹線ひかりです。1分30秒でできたら新幹線こだまです。2分間でできたら普通列車です。それでは始めます。用意、始め。
○下の図を見せながら、グループごとに準備させる。
□時間内に協力して準備ができる。
□準備ができたら、腰をおろして待つことができる。
【発問1】
AとB、どちらの足型の方が立ち上がりやすいですか。
○A、Bのどちらかに挙手させ、理由を言わせる。

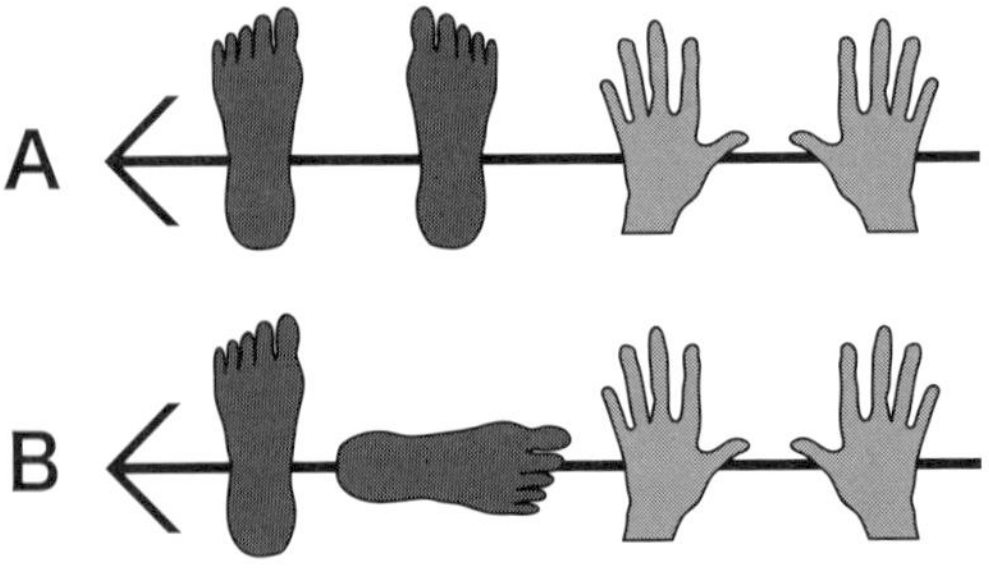

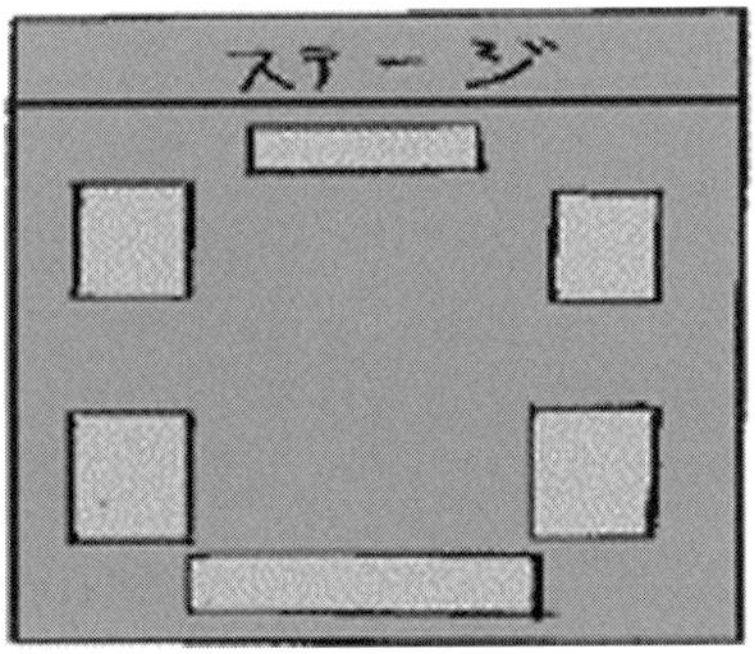

場作りI

○自分の経験から考えさせる。
□A、Bどちらかの足型がよいか選択できる。

【指示7】どちらが立ち上がりやすいかグループごとに確かめなさい。

○グループごとにA、B両方の動きをさせ、どちらがよいかを確認させる。
□AとBの2つの動きを比較して、着手を見るとスムーズに立ち上がれることがわかる。

【発問2】AとBとではBの方が、立ち上がりやすいです。Bのように立ち上がるには目はどこを見たらよいですか。

ア　着手の方向　　イ　正面　　ウ　進行方向

○次の図を見せながら、考えさせる。
□ア、イ、ウの中から1つ選択することができる。
□視線を意識して、考えることができる。

【指示8】ア、イ、ウのどれが立ち上がりやすいかグループごとに確かめなさい。

○グループごとにア、イ、ウの動きをさせ、どれがよいかを確認させる。
□三つの動きを比較して、着手を見るとスムーズに立ち上がれることがわかる。

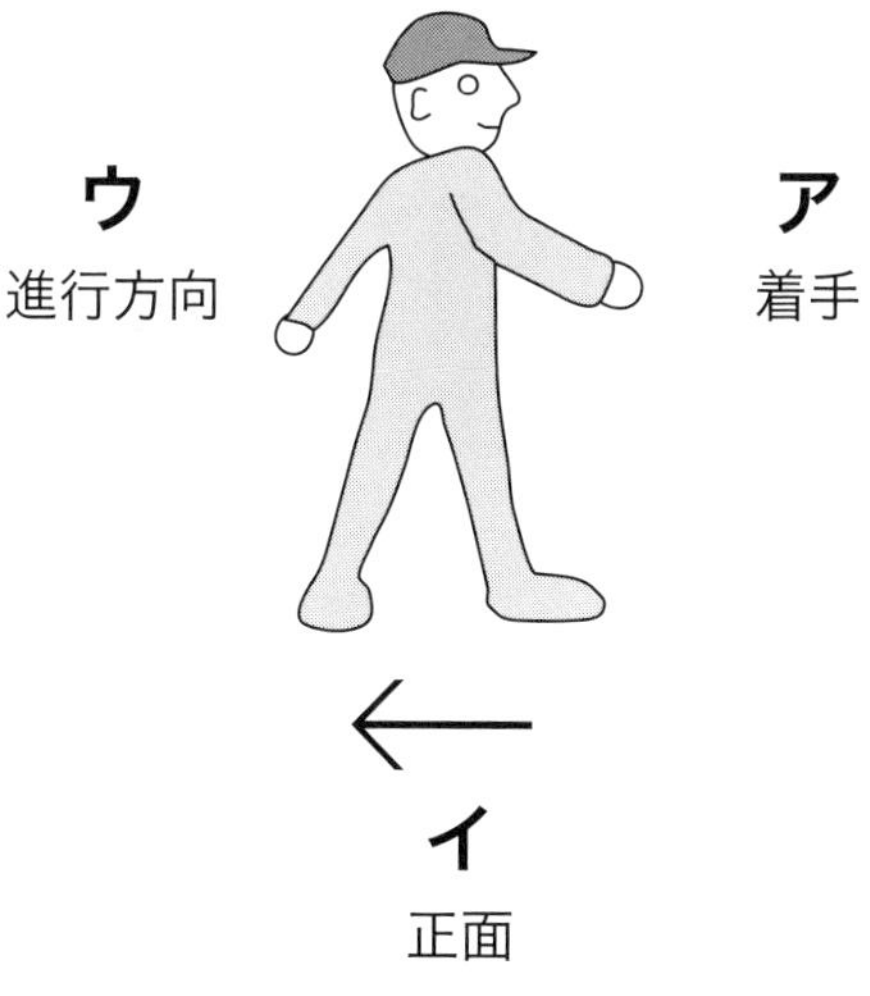

【指示9】マットの用意をします。場作りⅡのように準備します。1分30秒でできたら新幹線ひかりです。2分間でできたら新幹線こだまです。2分30秒できたら普通列車です。それでは始めます。用意、始め。

○次の図を見せながら、グループごとに準備させる

□マットを引きずったり、用具を引きずったりしないで、素早く準備ができる。

□準備が終わったら安全かを確かめ、他のグループの手助けができる。

【指示10】腰の伸びた、大きな側方倒立回転ができるように、手と手の間に置いてある紅玉を見て練習します。

○自分の力にあった場を選択して練習ができる。

○安全に気をつけて練習ができる。

□紅玉を見て回転することができる。

□腰の伸びた、大きな側方倒立回転ができる。

【指示11】足の向き、目の位置が正しくできているか、グループで見合います。

○グループで、視線や立ち上がりについて見合わせる。

□足の向き、視線が正しい動きをしているか、相互

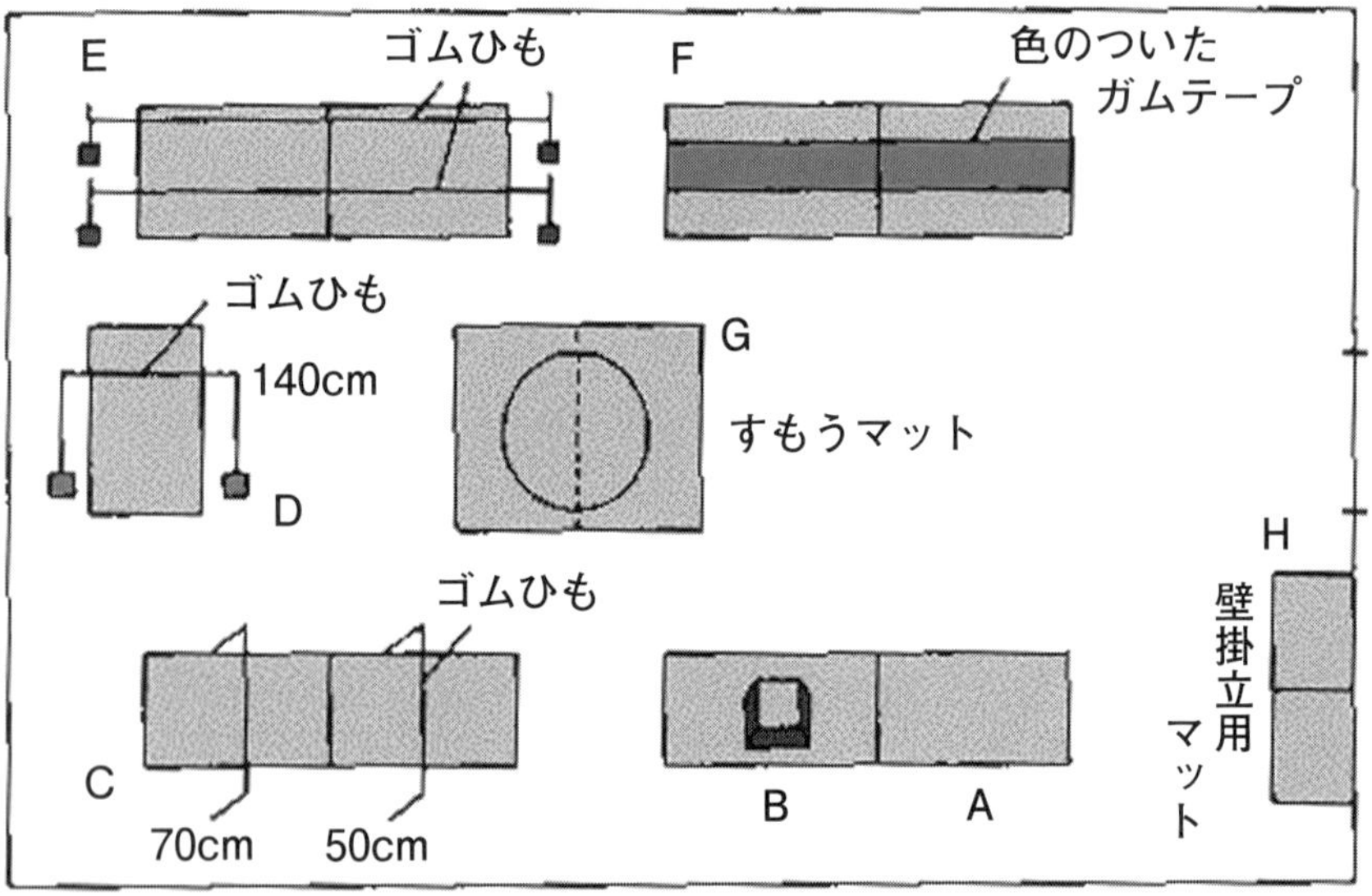

場作りⅡ

評価できる。

【説明】立ち上がる時、後ろ向きに紅玉を見ながら回転するとスムーズに立ち上がれます。

○本時のまとめをして、次の時間の課題を明確にさせる。

□側方倒立回転の技術ポイントがわかり、次時のめあてがつかめる。

【指示12】マットを片付けます。2分以内でできたら合格です。

○グループで力を合わせて後片付けができるようにさせる。

□2分以内で後片付けができる。

□元の位置に素早く片付けられる。

【指示13】太鼓のリズムに合わせて走ります。整理運動をします。

○体育館いっぱいに走らせる。

○太鼓のリズムに合わせて大きな動きをさせる。

□友達にぶつからないように走れる。

□大きく、ゆっくりとできる。

4　つまずいている子どもの効果的指導

法則化体育授業研究会が発足して10年目になる。誰でも運動のできる、楽しい体育を目指して実践を重ねてきた。

おかげで、多くの教師の共感と成果を納めることができた。それは、運動のできない子どもに焦点を当て、できるための方法を開発してきたからである。つまずいている子どもに対して、どのような指導が効果的であるのかを実践を通して述べてみたい。

平成7年2月18日、熊本県菊池郡合志町立南ヶ丘小学校の4年生で抱え込み跳びの授業を行った。

授業後、担任の東田昌樹氏より子どもの感想が送られてきた。子どもがどのようにつまずきを克服していったのかが、克明に記録されている貴重な資料である。その記録をもとに、つまずいている子どもの効果的指導を分析する。

1. 心に響く言葉がけ

法則化体育授業研究会は発足以来、子どもの動きを変える「発問・指示」の研究を行ってきた。南ヶ丘小学校の4年生の抱え込み跳びの授業でも次の発問を行った。

【発問】跳び越す時、どこを見たら調子よくとべますか。

A　手元　　B　マットの先　　C　正面

この発問をした後に、どれが正しいのかを練習で確かめさせていった。この経過を松本志郎君は感想に書いている。

とちゅうで根本先生が、「先生も東田先生みたいにA、B、Cで問題をだします」と言われました。そして、「A、B、Cのどれか心のノートに書いてください」と言われました。A、B、Cのどれかに手を上げる時に、Bに手を上げました。

根本先生は「これはBが正解です。本当にBが正しいのか跳んで確かめてみましょう」と言われました。ぼくはその後、5段で抱え込み跳びができるようになりました。3点と言われた時うれしかったです。Bでやってみたらうまく跳べるけど、ほかのでやってみたら本当に跳べないのかなと思いました。だから、へんなふうにちがう方向に跳んでみました。


松本君はA、B、Cの跳び方を実際に行いBの跳び方が良いことを発見している。跳べない子どもは恐怖心が強く、跳び越す時に手元を見てしまう。すると、突き放しができないために跳び越せないのである。「抱え込み跳びが目線で成功、失敗につながる」ことを松本君は体を通して発見した。

つまずいている子どもにとって、動きを変える言葉がけは大変有効であることが分かる。

言葉がけには、「動きを変える」内容だけではなく「認め、励ます」内容がある。つまずいている子どもにとっては、「認め、励ます」言葉がけが大切であることを東田学級の子どもから学んだ。坂本陽二君はできた時の感想を書いている。


ぼくは台上前転が3段から4段ができるようになりました。できるようになりとてもうれしかったです。根本先生のおかげで、抱え込み跳びも2段から5段までできるようになりました。3段でつっかえていたけど、「君は4段ができるよ」と言ってくれたおかげで、5段までできるようになりました。

坂本君は体の大きい子どもであった。マットでのうさぎ跳びもきちんと突き放しができていた。3段で跳んでいたが、高さが低く跳びにくそうであった。3段では低すぎてバランスを崩していたので、「君は4段ができるよ」と言葉をかけたのである。

坂本君は私の言葉がけに自信を持って、4段、5段と跳べるようになった。「認め、励ます」言葉がけも大切なのである。

2. 授業でのフォロー

つまずいている子どもにとっては、授業でのフォローが必要である。東田学級の子どもの感想で多かったのは、私の指導が分かりやすかったということである。

井上和歌さんは担任の東田氏の指導と比較をして、次のような感想を書いている。

> 東田先生と教え方がちがうのは、A、B、Cの問題の時のやり方がちがっていました。東田先生ははじめに絵を見せて「自分たちでやりなさい」と指示をしてやるけど、根本先生のやり方ははじめ絵を見せて聞いて、そして先生がやって見せるという所が東田先生とちがう所でした。
> 根本先生はくわしく、さっさとおわらせたのがよかったです。

井上さんの指摘は鋭い。確かに私は発問した後に、ABCの跳び方について示範した。言葉と図だけでは子どもに伝わらないと考えたからである。

跳んで具体的なイメージを作りたかったのである。そこを井上和歌さんは、「根本先生はくわしく」教えてくれたと表現したのである。

このようなフォローが授業では大切なのである。特につまずいている子どもにとっては、言葉で言って絵や図で説明して、実際に動きを示してあげることが重要なのである。

そうすることによって、子どもはどう動いたらよいかのイメージが持てる。イメージが持てるまで、詳しく指導していくのである。

鮎川由美子さんは跳べるようになった様子を次のように書いている。

> 私は前から横の5段はとべていました。だから縦の3段をがんばろうと思いました。でも何回やってもできませんでした。
>
> 15回やったら根本先生がやってきて、私の番の時に、手足を持って跳び箱の上にとまらないようにしてくれました。
>
> でもやっぱり跳びこせません。跳び箱にさわってしまいました。
>
> もう一度先生に手と足を持ってもらったらやっと跳びこせました。だから根本先生が、「今度は自分一人でやってごらん」と言われたので、やってみたら一人でできました。
>
> 台上前転5段と抱え込み跳びができて、とてもうれしくてよかったと思いました。跳び箱がこんなに楽しいと思ったのは、初めてでした。

つまずいている子どもへの補助が、たいへん有効であることが鮎川さんの感想で分かる。同じ内容の感想を書いた子どもが他にもいる。

跳べない子どもに共通しているのは、恐怖心である。恐怖心を取り除く指導を教師が行っていくことが、跳び箱運動では大切である。

その方法として、子どもの手や足を持って補助してあげる。補助によって、跳び越した時の感覚が分かる。何度か補助をしていくうちに、恐怖心がなくなり思い切って跳べるようになる。ころあいを見て「一人で跳んでごらん」と指示していく。

このようなフォローが必要なのである。ポイントを話して、後は子どもに任せてしまう授業では、つまずいている子どもは伸びていかない。一人一人の子どもに応じた指導のフォローをしていくことが、よい授業につながっていく。

3. 教師の心得

つまずいている子どもへの指導を行う時の教師の心得は、子どもの可能性を信じることである。どの子どもも必ずできると信じて、認め励まし続けることである。

法則化体育授業研究会は指導法の開発を行ってきたが、その根底には、どの子どももできるようにしたいという強い願いと固い信念とがあった。

授業でも同じである。「この子どもを何とかできるようにしたい」という願いを持って指導にあたっている。

夏樹悠子さんは、足打ち跳びの授業の様子を次のように書いている。

「(足打ち跳びが) 5回できた人」と回りを見て「オッ、さすがに名人はいないか?」と言った時、「オッ、名人がいました」と言って私の方を向くと「ちょっとやってみてくれないかな」と言われた。私はあわてて「できないかもしれない」と答えました。でも根本先生は少し笑って「できなくてもいいからやってみて」と答えてくれたので、私は安心して足打ち跳びを始めました。

私はみんなに見守られている中、とっても緊張しました。一回目は2回しかできませんでした。そして二回目は3回打てました。でもたおれてしまいました。
5回できなくても根本先生はかまわずに、「はい。拍手」と言ってくれました。するとみんなが拍手をしてくれました。その時は調子が悪くて5回はできなかったけれど、とってもうれしかったです。
土曜日は本当にありがとうございました。とってもうれしくてとっても楽しい一日でした。

夏樹さんの気持ちが手に取るように伝わってくる。みんなの前で挑戦し失敗してしまったにもかかわらず、「5回はできなかったけれど、とってもうれしかったです」という感想は、どこから生まれたのであろうか。

それは、「できなくてもいいからやってみて」という励ましの言葉と「はい。拍手」という賞賛の言葉である。

自分が教師から認められ、励まされたという事実が、「とってもうれしくてとっても楽しい一日でした」という感想になったのである。

できないよりはできたほうがよい。しかし、できなくても教師が子どもを信頼し励ましていけば、子どもはうれしく楽しい体験ができるのである。教師の授業への姿勢が子どもを変えていく。常に子どもの可能性を信頼し、伸ばしていこうとする態度が子どもを育てていくのである。

法則化体育授業研究会が、これまで多くの教師に受け入れられ支持されてきたのは、指導法の開発の根底にそういう教育観が流れているからである。

夏樹さんは足打ち跳びの場面を一生忘れないであろう。みんなに拍手をしてもらった体験は、一生心の支えになっていくであろう。

野山さつきさんは次の感想を書いている。

根本先生の顔を見たときは、お医者さんの先生のように見えました。

野山さんのように、お医者さんみたいだと書いている子どもがもう一人いた。

なぜ私をお医者さんのように感じたのであろうか。

なぜ病気を直してくれるお医者さんと同じように、運動のつまずきを直してくれる教師と感じたのであろうか。

その理由は私にも分からない。しかし、子どもに直感させるものが私にあったとしたら、それは、何とか子どもをできるようにしてあげたいという強い願いがあったからであろう。

どんな子どもでもできるようになりたいと思っている。そんな子どもに、つまずきに応じてとっさに診断し、できる手立てを講じられる教師になりたいと願っている。

第4章

子どもが輝く学級づくり

学級経営の実践報告
——私の記録から

鉄棒のダイヤモンドづくりに挑戦する

1　新卒担任六年二組の実践

はじめに

　私は今年で教職十一年目になる。その中にはいろいろな出来事があり、子どもから教えられたことがたくさんある。その中でも、私が新卒で受け持った六年二組の子どもたちからは、多くのことを学んだ。私は、教育の原点を彼らから学んだような気がする。

　新卒で、右も左もわからない私は、教育技術など身につけていなかった。そんな私に、体ごとぶつかってきた六年二組の子どもたちは、教育とは何かを私に教えてくれた。

　教えている途中、私はあまりにも苦しく、教師をやめようかと何度も考えた。しかし、二十三名の子どもの中に、キラリと光る子どもが何人かいた。そして、情熱を持って教えていけば、どんな子どもでも変わっていく。そして最後には、その子しか持っていないダイヤモンドが見つかるものだということを教えられた。

1　六年二組の子どもたち

　私は緊張した気持ちで、新築された鉄筋四階に上っていった。階段を上り終わろうとする時、教室から騒音が聞こえた。大声で叫び、ふざけ合っている子どもの声が、けたたましく廊下に響いてきた。

　それでも私は、このクラスがたいへんなクラスとは考えていなかった。学期始めの、どこにでもある騒がしさと考えていた。

　教室にはいると、一瞬、教室は静かになった。新任の担任を迎えた子どもたちが興味深く、私を見つめていた。しかし、すぐに騒がしさはもどった。私がいくら静かにと言っても収まらなかった。やっとの思いで自己紹介をし、教科書を配った。

　六年二組は、男子十一名、女子十二名の計二十三名のクラスであった。普通の学級の約半分であり、それに関しては理想的な人数であった。

　一人一人の顔を見ていくと、いやに目が輝き、挑戦的な面立ちであった。目がつり上がり、今にも食ってかかってくるような顔で、やや暗い感じであった。

　一部の男子は大声でわめき、物をうばい合っている。

女子は、かな切り声を上げている。担任が発表になったあと、まわりの先生方が、
「たいへんなクラスを受け持ったわね」
と同情してくれたのがよくわかってきた。
「あのクラスは、持つ人がいなかったのよ」
「たいへんなクラスで、これから苦労しますよ」
と会う人が言うのである。私にすれば、そういうクラスこそやりがいがあると、心の中では自負していた。しかし、受け持ってみて、こんなにもたいへんであるとは思わなかった。まだ第一日目である。これはまだいい方であった。

子どもをはやばやと帰し、まだ耳の底に子どもの高い騒音が残っているのを休めるために職員室に帰った。かわいたのどをうるおすためにお茶を飲んだ。しかし、味はなかった。

2 清　掃

始業式の次の日から清掃が始まった。三つの班に分けた。一つは教室、二つは事務室、校長室、三つは保健室であった。

清掃の方法を指導し、さっそくやらせた。ところが、さっぱりやらなかった。教室そうじを見ると、ほうきを持ってチャンバラごっこをしている。ぞうきんはブラブラさせて追いかけっこをしている。まともに床をふいているのは、一～二人であった。

事務室、校長室というのは、他の先生方が常に出入りするところである。きたなければすぐに目立つ。遊んでいればすぐに見える。

私はあきれて物も言えず、この先のことを考えると、真っ暗であった。しかし、担任になった以上、責任を持って、清掃のできる子どもにしなければならない。私は覚悟を決めた。まず私自身が清掃をすることだ。

次の日から、子どもと同じようにぞうきんを持ちふき始めた。事務室、校長室、保健室は木造の平屋建てであった。そのために床は木であった。ふけばふくほど床は光り、輝くものであった。

一人が部屋と廊下を隅から隅まで、一回ずつ通してふいたら終わるというノルマを作った。それが終わらないと、清掃を終わりにしなかった。

私が率先してふき始めると、しぶしぶ何人かの子どもはやるようになった。しかし、田中誠だけは決してやらなかった。やれと言っても口をとがらせ、

「なんでおれがやらなきゃ、なんねえんだよ。」
と言って、逆に食ってかかって来た。
ある時などは、彼の仲間に向かって、
「そうじなんかやめろ、やったら承知しねえぞ。」
と命令した。すると彼の仲間は、私がいくら言っても、それを無視して、そうじをさぼった。何かにつけ、この田中誠がこのクラスのガンであった。

3 木村明君

一年間、私を最も苦しめ、私を成長させたのは木村明である。小柄で、やや太りぎみ、まゆは濃く、ギョロ目である。唇が厚く、ドスのきいた声でしゃべる。

クラスの子どもは、すべて木村明を恐れ、こわがっていた。木村の言うことは、ほとんど無条件に通り、その命令に逆らう者はいなかった。担任よりも効きめがあった。私がそうじをするようにと言ってもやらないが、木村明が言うと即座に子どもは動いた。

木村明は狂暴であった。けんかをすると、情け容赦なく相手をたたきのめす。相手が泣いてあやまっても、自分が納得するまでなぐり、血が出るまでやっつけた。その時の顔は動物に近い、野生味あふれた姿であった。目は暗くにごり、オオカミのように鋭く光っていた。

こういう木村に対して、理不尽ではあるが、逆らう者はいなかった。

木村明は子分を持っていた。それも脅かして無理やりに仲間に入れたものである。徒党を組んで悪いことをする。小さなヤクザと言ってもよかった。ことごとく私に反抗し、何をするにも足をひっぱった。

クラスが荒れすさんでいるのも、半分は木村明のためであった。木村明さえいなければ、木村明というボスさえいなければ、すぐにでもよくなるのにと思われることが何度もあった。

ほとほと手を焼いた私は、このクラスをよくするには、木村明を私の味方にすれば、学級も変わっていくに違いないと思った。

なぜこんなにわがままで、狂暴な人間になったのか、その原因を調べることが大切と考え、家庭環境調査表を見たり、学籍簿を調べたりし、その理由をつきとめていくことにした。

毎日が木村明との戦いであった。木村明との戦いに勝つことが、私の学級経営の根幹となった。

4　家庭訪問

更科の春は緑一色にうもれ、緑の織りなす光景は目を洗うほどに美しい。新緑のやわらかな葉に、夕陽があふれて、こぼれ落ちるようすは、実に美しかった。

家庭訪問は下田、谷当、旦谷、大井戸、更科、上泉、下泉、小間子、御殿、中田、富田、古泉の十二部落を回るのである。バスの便が悪いので、すべて自転車に乗っていった。学区は南北に十二km広がり、一日で終わらなかった。

更科小学校には本校と二つの分校があった。私の着任したのは本校であった。五年生になると、下田、富田の二つの分校から、ほとんどの子どもが自転車に乗って本校に通学して来た。

家庭訪問も下田学区、本校学区、富田学区と三つに分けて回った。木村明は、本校学区の小間子から通っていた。小間子は八街に近い部落であった。一面が落花生畑で、ところどころにスイカのビニールハウスが見られた。

雨上がりの道はぬかっていた。バス通りからだいぶ畑道を行った所に、木村明の家があった。父親は大工をしていた。家に行くと、四十過ぎの母親がいた。家庭環境調査表を見ると、父親よりも七歳ぐらい年上であった。家での様子を聞くと、言うことは聞かず、兄弟げんかばかりしているという。

しかし、なぜ木村明が荒れた生活をするようになったかの理由はわからなかった。しいて挙げれば、子どもを甘やかして育てたことか、父親が乱暴であるとかの理由くらいであった。

母親との話の中で、無免許でオートバイや車に乗ったりして困るという話も出た。これには私が驚いた。まだ六年生で、背も低い。そんな子どもに、オートバイや車に乗せていることは常識では考えられなかった。そんなことを聞いて、さらに木村明が並はずれた子どもであることを確認させられた。

5　日記指導

荒れた子どもの心を、しっとりとしたものに変えるには、子どもとの心の交流が大切だと考えた。子どもが何を考え、何を要求し、どんなことに不満を持っているのかを日記に書かせ、子どもの心に触れてみたいと思った。

大学ノートを一冊ずつ持たせ、一日の出来事や家での様子を書かせるようにした。初めは、遊びとか、買い物のことなどを書いていたが、しだいに教師に対する不満や要求が書かれるようになった。

子どもの字は汚なく、乱暴であった。心の中がそのまま文字に出ていた。まず内容よりも、形を整えることからはいった。一字一字ていねいに書くように指示をした。

日記を見るのは業間休み、昼休み、清掃の時間であった。少しの時間を見て、一人一人の日記に朱で感想を書いていった。毎日見るというのはたいへんであった。時には見られない日もあったが、それでもとにかく続けた。

木村明はほとんど日記を書かなかった。私も無理矢理書かせなかった。授業もほとんど教科書を広げず、足を投げ出し、おしゃべりをしていた。できないのかと思うと、そんなに理解力は悪くない。ただやらないだけなのである。

時々書く日記を見ると、前担任への不信、不満が述べられていた。それは木村明だけの日記だけではなく、ほとんどの子どもの日記に書かれていた。

どうやらこのクラスの荒れた原因は、前担任の指導にあるようであった。私は子どもの話から、あるいは日記から、その様子を想像し、なるべく、子どもの不満を聞くようにした。そして、子どもの要求や願いを受け入れるようにしていった。

日記も少しずつ字が整い、文章も長くなった。よい日記は、みんなの前で読むようにした。そうするとことによって、書く意欲が高まっていった。

6　水泳指導

六月にはいるとプールが始まった。六年二組の子どもの中で、二十五mが泳げるのは、たった四人であった。二十三人いる中で四人とは驚いた。

市の六年生の二十五m完泳率は八〇%である。このクラスの子どもは、たった二〇%しか泳げなかった。

原因はいろいろあるが、水にはいる機会が少ないことである。学校ではいるのは正課時で十時間、夏休み十時間、計二十時間であるが、そのうち半分は雨や行事でつぶれる。そうすると水にはいるのは十回くらいである。その十回の中でも見学をするのが二割はいる。水に慣れ、親しむということが限られてくる。千葉市の中心部の子どものように、近くに市民プール、スイミングスクールがある学校ならともかく、山の中の学校では、そういう施設にも恵まれていなかった。

水泳指導を始めてみると、水にはいるのが怖いというのが四～五人いた。水に顔をつけられないのである。その上、練習をするのが嫌いであった。去年まで教師の言うことを聞かず、好き勝手にやってきた子どもは、一つの流れにそって、指導を受ける習慣がくずれていた。

木村明は泳げなかった。泳げないのでつまらないらしく、ふてぶてしい態度で練習していた。岡本功二、岡田昭夫らといっしょになり、弱い者の足をひっぱり、頭をしずめたりして遊んでいた。勉強でも、運動でも、とにかく手を抜いて、少しでも楽をしようという気持ちが強かった。

そういう子どもたちを相手に、基本からやり直しをした。夏休みが終ってみると、半分の子どもが二十五mを泳げるようになっていた。私の必死の指導というよりも、子ども自らのやる気がそうさせたようである。

7 運動会の応援

九月にはいると、運動会が行われた。私にとっては最初の運動会にもかかわらず、その責任者となった。全体を計画し、組織・運営していくのである。何がどこにあるのかわからないままに、運動会の練習は始まっていった。

運動会には応援団があった。私はこの応援団を使って、エネルギーを持てあましている木村明をはじめ、そのグループを立ち直らせ、自信を持たせようとした。

応援団を募集すると、すぐに木村明が立候補した。私はしめたと思った。木村明がいれば、岡本もはいるし、岡田もはいるにちがいない。全校生の前でリーダーとして活躍できることに、彼らはあこがれを持っていた。集団行動を通して、多少は規律のある生活が営めるようになるかもしれないという期待があった。

練習は早朝より行われた。太鼓をたたき、手拍子を打つ練習である。毎年、先輩の応援風景を見てきたのか、さほど練習をしなくてもうまくできた。声は小さかったが、ドスのきいた低い声は、まわりによく響いた。

木村明が真剣にやるうちに、岡本、岡田、青木らもひきずりこまれるように、熱心にやった。だんだん呼吸が合い、手の振りもなめらかにできるようになった。

いよいよ本番であった。はちまきを頭にしめ、白手袋をはめ、たすきをかけて、さっそうと入場し、応援合戦が始まった。木村の指揮で赤組の子どもたちが、力いっぱいに応援をした。岡本功二の指揮で、白組が拍手を始めた。彼らの顔には赤味がさし、上気していた。父兄や職員の前で、リーダーとして活躍できることが、彼らのプライドを高めたようである。

その日に限って、ふだんはものぐさで、言い訳ばかりしている木村明が、私の言うことを素直に聞いた。自分から進んで行動し私を驚かせた。

8　廊下そうじ

六年二組は事務室、職員室、保健室、木造の管理校舎の清掃を受け持っていた。鉄筋校舎の床はタイルなので、ワックスをかけてから、からぶきをした。手間はかからないが、清掃の努力のあとは残らなかった。しかし、木の板は、みがけばみがくほどつやが出て、光沢が出る。清掃の喜びがわいてくる。

一学期の初めは、全然やらなかった子どもも、みがいているうちに、木目が光ってきたのを見て、興味を持つようになった。事務室のそうじグループと校長室のグループとが競争を始めた。すると、みるみるうちに廊下はつやを出し、顔や姿がうつるようになった。

木村明のグループは、事務室であった。彼は班長をしていたので、校長室そうじに負けたくないために、自分のグループの子どもたちに一生懸命にそうじをするように言った。もちろん、彼自身も額に汗が出るほどよくやった。私は木村の変わり方を見て、人間の変化の大きさに驚いた。気持ちの持ち方で、こんなに変わるのかと思うと、教育のおもしろさを少しは味わえたような気がした。

私が要求したのは、美しくなることと、時間内で終わるということであった。二十分のそうじの時間の中で、教室にはいってくることを要求した。最初はできなかったが、カードを作り、それに記入するようになってからは、遅れも少なくなっていった。

木造校舎を清掃している間はよかったが、鉄筋校舎になると、もとの状態にもどった。ほうきを持ってチャンバラをしたり、ぞうきんを投げ合いしたりした。

これをなんとかなくそうと思い、ワックスをかけないで、水ぶきでやるようにした。すると、わずかではあるが、よくなった。清掃がきちんとできることが、学習への第一歩であった。

9　陸上大会の練習

千葉市には、全市一斉で行われる陸上競技大会がある。運動会が終わると、ほとんどの学校がこの大会をめざし練習にはいる。

更科小学校も九月の末から選手を選抜し、練習を始めた。

木村明、岡本功二、岡田昭夫らはみな運動神経がよかった。人よりも速く走り、技能も高かった。みんなよりも優れているものが一つでもあることは、その子どもらを変えていくには大切である。

私は、彼らのひねくれた性格をスポーツによって素直にさせたいと考えた。運動会で応援団長にしたのもそのためであった。

陸上クラブにはいる時、彼らはあまり乗り気ではなかった。苦しい練習を頭に思い浮かべたからである。しかし、学校代表で出られるかもしれないという言葉に、顔を輝かせ入部することになった。

練習は朝七時二十分からと午後三時四十分からの二回であった。特に朝練習に参加するということはたいへんであった。特に木村明は、小間子からバスで通っていたので、乗り遅れたりして時々、遅れた。そのうちに、練習がきつくなり、さぼるようになった。

彼の甘えをそのまま見逃すわけにはいかなかった。私はさっそく彼を呼び出し、このまま練習をさぼるようなら、選手にしないと言い渡した。それからは、よく出るようになった。

木村明は、百メートルに出場した。しかし惜しくも四位となり、総合順位では六位以内にはいれなかった。彼の努力に対しては労をねぎらい、よくやったと褒めた。

陸上大会の終わったあと、しばらくは以前より素直な生活が続いた。一つのことを継続して、追求していく中で、彼の心もわずかではあるが変わったようである。だからと言ってずるさや横着さはなくならなかった。

10　失敗した研究授業

教員になって初めて研究授業をやった。十月の半ば、陸上大会の練習の途中であった。更科小学校は国語と特活の研究をしていた。私は国語の授業をすることになった。

指導案を書き、板書構成を考え、発問を練った。いよいよその当日が来、指導課からは、国語の篠塚先生がいらっしゃった。

私は初めての研究授業だったので、非常に上がっていた。子どもは育っておらず、あいかわらず落ちつかなかった。木村明は足を投げ出し、「研究授業だって、普通にやればいいんだろう」と言ってふてくされていた。思わず私はかっとして、つかつかと木村明のところへ行き、足で椅子をけとばした。そこへ講師の先生方がはいってこられた。私は「しまった」と思ったが、もう遅かった。私と木村明とのやり取りを見たに違いなかった。

授業の始めに、そんなことがあったため、余計に私は上がってしまった。教材研究として十分にやらず、その場限りの行きあたりばったりの展開であった。問題はこちらから出し、一問一答式で答えさせる授業であった。途中、中込幸子が質問をした。私は一段落ちついたところで、質問はありませんかと聞いた。普段、おとなしく、めったに手を上げない中込幸子が、質問をしたのである。内容がわからない質問で、すぐに答えられずに、しどろもどろの返答をした。

やっと授業が終わった。同学年の先生が、「ごくろう様でした。とても疲れたでしょう」と言ってくれた。しかし、その言葉の中には、一人でおしゃべりをしてたいへんだったでしょう、という意味がこめられていた。

講師の先生の授業後の指導はもっときびしかった。「一番新しい先生が、最も古い型の授業をしている」と言われ、まったく立つ瀬がなかった。

11　サッカーの練習

十一月にはいるとサッカーの練習が始まった。練習のきっかけは、木村明が私のところにやって来て「先生、サッカーの練習を始めよう」と言ってきたことだ。私は内心しめたと思った。彼が自分から進んでやろうとすることは、めったになかった。もしあるとすれば、かならず悪い事やいたずらであった。私はこの申し出を快く受け入れ、さっそく次の日の朝から練習を開始した。このサッカーを通して、なんとか木村明の心を明るい、澄んだものにしたいと考えた。彼に生きる喜びと生活する張りを持たせたかった。追求するきびしさと喜びを味わわせたかった。

木村明はキャプテンに選ばれた。他の子どもに呼びかけたのは木村明である。私にしても、彼がキャプテンになることにより、リーダーシップを取っていく中で、わがままで自分勝手な行動が少しでもよくなればという願いがあった。木村明は、四㎞のマラソンにも先頭に立って走るようになった。日常の生活も生き生きとして、学習にも参加するようになった。私はこのまま、うまく行ってくれればよいがと、不安な気持ちで見守った。

私の不安は、まもなく現実のものとなった。練習のきびしさから、十二月の北風の吹く寒い日、木村明は、二人の仲間と共に、練習をさぼった。彼の影響によって二人の子どもも練習に参加しなかった。私は他の子どもに及ぼす影響を考え、なんとかして木村明に練習するように説いた。二〜三日して、やっと参加するようになった。

四㎞のマラソンを走る中で、木村明は先頭を走っていき、途中の道で折れて休んでいた。折り返し地点まで行かず、さぼることもあった。私がいくら走っていっても姿がないのである。そういうくり返しをしながらサッカーに身を入れさせていった。

12　サッカーの練習試合

十二月にはいると、サッカーの技術も少しはじょうずになり、試合をしようということになった。試合をすると言っても、更科小の近くには学校がなかった。また遠征するといっても顔見知りの体育主任がいなく、交渉もできなかった。たまたま、一番近くの白井小に知っている人がいたのでお願いをした。

白井小までは自転車で行った。北風の吹く、土曜日の午後、弁当を食べたあと、道路に二列になり、自転車で出発した。

着くと白井小の子どもたちはユニホームを着て、グラウンドを走り準備運動をしていた。試合がいよいよ始まった。力は互角であった。多少、相手の方が体格がよく、キック力があり、ボールも遠くに飛んでいった。更科小は、毎日四㎞のマラソンをしていたせいか、体力はあった。後半にはいってもいっこうに衰えず攻防を続けていた。

　木村明は、私の期待に反して動きが鈍かった。横着な性格が出て、自分からボールを取りに行こうとしなかった。ボールが来るのを待っていた。当然、ボールに触れる回数が少なくなり、その分だけセンターフォワードの木村は活躍できなかった。

　しかし、後半、左ウィングの青木哲也が、見事なシュートを決め、勝つことができた。この勝利が、その年初めてであり、最後の勝利となった。その後の公式戦は全敗であった。

　子どもも私も、初めての試合なので喜んだ。途中休憩をして、子どもたちにあんまんを食べさせた。日は落ち、暗くなっていた。戦いに力を尽くした子どもの顔は、いく分疲れたようであった。

　練習の成果が勝利に結びつき、子どものペダルも軽く、帰路についた。

13　習字の時間

　私は習字の時間が嫌いであった。子どもは集中しないで、おしゃべりはする、大声でどなる、自分勝手に出て歩く。終わっても後片づけができず、墨で部屋中を汚す。そういう秩序のない時間になるからであった。

　特に木村明、岡本功二、錦織浩男らはひどく、遊び半分で授業を受けていた。きびしく注意するのだが、それでもすぐに落ちつかずまわりの子どもにちょっかいを出し、騒がせる原因となった。

　ところが十二月にはいってまもなく、木村明が習字を真面目にやった。「手本を書いてくれ」と言って私の所に来たのである。私は内心びっくりした。今まで遊びに遊んできた木村がしおらしく、ややはにかみながら、私の所に来たのである。私は内心のうれしさは表に出さず「よし」と簡単に言って、一枚の手本を書いた。そのあとも一生懸命に書いていた。あまりじょうずとはいえなかったが、それでも彼にしてはりっぱな字を書いた。

　木村明に刺激を受けたのか、岡本功二も熱心に書いていた。木村のように手本を書いてくれとは来なかった。しかし最後に、「これでいいか」と書いた用紙を持ってきた。

　今までちゃらんぽらんにしかやってこず、字も真剣さに欠けていたが、今日の字は魂のこもったよい字であった。私はそれをほめた。彼は帰り際に、「あまりよく書けなかった」と言いながら席についた。

これを聞いた私はびっくりした。自分を反省するというようなことができなかった彼に、初めて内省するということができたのである。

なぜ変わってきたのかを考えると、サッカーをやり、集団行動の秩序ができてきて、多少なりとも、学習への意欲が出てきたのだろうと思われた。

14 卒業文集

卒業まであと一ヵ月という二月の初め、卒業文集を作ることになった。普通は活版印刷をするのであるが、予算の関係でガリ切りで仕上げることになった。

下書きを書く段階で、子どもたちは一生懸命に書いた。書くことの嫌いな木村明も熱心に書き、心のこもった文章を書いた。題は六年間の思い出であった。次のような内容であった。

> 六年間の思い出
>
> 木村明
>
> ほんとうにこの六年間はとてもおもしろかった。中学校にはいっても、たのしくくらせるようになりたい。けんかもしないで平和なくらしをしたい。ぼくはあと二十八日で卒業だ。たのしい卒業式がしたい。ぼくたちは、一人ずつ、卒業しょう書がもらえる。たのしい六年間だった。

私が感動したのは、けんかもしないで平和にくらせるようになりたいという文章である。けんかばかりしていた木村がやはり心の中では、けんかをしたくないという気持ちがあったことである。けんかをすれば血を見るまでなぐる、けるをしていた子どもが、心の奥深くには、平和なくらしを願っていたのである。

木村明は、六年間の思い出と、野口英世を読んでという感想文を書いている。書くことも、読むことも嫌いで、本を自分から広げたりしなかった彼が、野口英世の伝記をりっぱに読みこなしている。

書き出しで、どうして英世は医者になろうとしたのかと言っている。自分の手を治すためか、それとも人々の病気を治すためかと書いている。かなり内容をつかんでいる文章である。私は木村明の文章を読み、人間の変わった様子がよくわかった。

どんな子どもでも愛情を持って、根気よく指導していけば、どんなにでも変わっていく姿をこの文章でわかった。

15　卒業式

三月十六日は卒業式であった。初めて受け持ち、卒業させることができるのは幸せであった。

更科小学校では、卒業式に、一年間がんばった子どもに賞状を与えていた。私は児童会賞に木村明を選んだ。まわりの先生方は驚いたが、私は自信を持って彼に与えることにした。

完全にはよくならなかったが、それでも四月にくらべれば学級は落ちつき、明るくなった。これもすべて木村明がよくなったからである。彼が変わったために、学級全体がよい方へと転じた。

賞状をもらう木村明の顔はうれしそうだった。私が彼に与えたのは、この賞状をもとに、これから自信と誇りを持って生きていってほしいという願いがこめられていた。

とにかく、私は無事、一年間、教師としてやってこられたことに胸をなでおろした。

おわりに

荒れたクラスをよくするために、私は木村明を中心にして学級経営を行った。その木村明が変わるにつれて、学級全体も明るく、素直になっていった。

このことから、私は、教育の可能性を学ぶことができた。どんな子どもでも、真心を込め、全力を出してぶつかれば、よくなるのだということを知った。この一年間は苦しく、つらい期間ではあったが、私の教育の原点はこの一年に築かれたと言ってよい。

教育の技術は未熟であったが、子どもを受け入れ、認めていくという信念は、正しかったように思う。現在でも木村明のことを考えると、胸があつくなる。

これからも、彼らから学んだことをもとに、よりよい実践をしていきたいと考えている。


（昭和五十八・八・十六）

2　鉄棒を核にした学級経営

はじめに

三年三組の子どもは素直で明るいが、体が細く体力に欠けていた。四月の全校朝会で、気持ちが悪くなり倒れる子どもも見られた。

体力を高める運動にはいろいろあるが、私は鉄棒を選んだ。なぜなら鉄棒は、いつでも、どこでも、すぐに練習ができる。跳び箱やマットは出し入れをしなくてはならない。しかし鉄棒は固定されており、やろうと思えばいつでもできる。しかも鉄棒は学校だけではなく、家の近くの公園でもできる。一人でもできるのである。

その上、能力差に関係なく、どの子どもでも上達し、いろいろな楽しみ方ができる教材である。走る運動は遅い子はどんなにがんばってもはやい子を抜くことはできない。ところが、鉄棒は練習しだいで、どんどん伸びていく。進歩が目に見えるのである。

そういう意味で、鉄棒を取り上げ一年間体力づくりを進めていくことにした。またその中で、人間関係を豊かにしたり、一つの事をねばり強くやる力を育てたり、学級経営も含めて指導していきたいと考えた。鉄棒を核にした学級経営の実践に取り組んでみた。

①　昼休みの練習

練習は体育の時間も行ったが、昼休みを中心に毎日やった。はじめは何をやっていいのかわからず、逆上がりを中心に練習していた。

体育の時間に鉄棒遊びをした。その中でぶらさがる、上がる、回る、おりるの四種目についてどんな遊び方があるのかを見つけさせた。子どもの発想は豊かである。たちまちのうちに次のような種目を発見した。

(1)　ぶらさがる

・りょう手ぶらんこ　・片手ぶらんこ
・モノレール　・ぶたのまるやき
・こうもりぶらんこ
・足かけぶらんこ

(2)　上がる

・ぴょんあがり　・えびあがり
・さかあがり　・足かけあがり

(3)　回る
・たまごまわり　・前回り　・後ろ回り
・ひこうきまわり　・足かけ前回り
・足かけ後ろ回り
(4)　おりる
・ぶらんこおり　・うしろぴょんおり
・とびおり　・グライダー　・前おり

以上のような種目について、自由に、自分のできる所から出発させた。私はあまり技術指導はせず、いっしょにやったり、できたらほめてあげるようにした。すると子どもたちは「先生見て、見て」と私を呼びにくるようになった。

四つの動きについて出た種目は一覧表にして、できたら合格シールをつけるようにしていった。逆上がりのできない子どもでも、かならずできる種目がはいっているので、合格シールがつけられた。

いろいろな鉄棒遊びをしていく中で、逆さ感覚や回転感覚を身につけ、自然に鉄棒に親しませ、好きにさせていきたかった。そうすれば逆上がりのできない子でもかならずできるという考えが私にはあった。

鉄棒は女子の方がよくやった。男子はドッジボール、ソフトボールに熱がはいり、なかなか鉄棒をやろうとはしなかった。私は強制はしなかった。

②　ダイヤモンドづくり

鉄棒が本当に好きになるには、一つの技について習熟する必要があると考えた。中途半端に、いろいろな種目をやるよりも、自分のやってみたい種目を選び、それを徹底して練習し、自分の持ち技にする。その種目については、誰にも負けないという絶対の自信を持つまで練習する。

それをダイヤモンドづくりと呼んだ。自分にしかないピカピカに光るダイヤモンドを作るんだという合言葉のもとに練習を行っていった。すると、今まで見向きもしなかった男子も熱心に取り組むようになった。

次の表が子どもたちの選んだダイヤモンドである。決めた段階ではできない種目もある。一つの目標として、自分がやってみたい種目を選ばせたからである。

子どもたちは翌日から、自分のダイヤモンドづくりをめざして練習を始めた。だれにも負けない、自分だけの技ということで、子どもの目は輝き、夢中になっていった。

氏　名	ダイヤモンド	氏　名	ダイヤモンド	氏　名	ダイヤモンド
有賀	こうもりがえし	井上	後ろ回り ぶたのまるやき	片桐	けあがり こうもりがえし
新井	ゆりかご、けあがり	宮野	グライダー ゆりかご	山内	こうもりがえし
小林	さかあがり	大川	こうもりがえし	鶴岡	こうもりがえし けあがり
堂後	グライダー さかあがり	佐藤	グライダー	山本	後ろ回り
西田	グライダー	久保	後ろ回り 足かけ回り	家徳	こうもりがえし 前回り
下村	けあがり こうもりがえし	坂井	こうもりがえし グライダー	野口	はっぱの前回り こうもりがえし
境野	グライダー モノレール	松村	さかあがり 足かけ上がり	高石	後ろ回り
中村	後ろ回り さかあがり	高畑	こうもりがえし けあがり	野中	こうもりがえし けあがり
長野	グライダー	平山	たまご回り こうもりがえし	小川	はっぱの後ろ回り こうもりがえし
八田	後ろぴょん上がり 時計回り	奈良	けあがり 後ろ回り	山岸	こうもりがえし
小畑	グライダー ゆりかご	富谷	前回り	黒崎	こうもりがえし
武藤	足かけ上がり	遠山	後ろ回り けあがり	藍	こうもりがえし 足かけあがり
堀江	前回り 後ろ回り	渡辺	けあがり こうもりがえし	草間	前回り

この中で気がつくのは、男子はグライダー、女子はこうもりがえしが多いということである。どちらもおりる種目である。まだ回るところまで行っていないので、子どもは遊びとしての要素の強いグライダーと、こうもりがえしを選んだものと思われる。それと、女子にはけあがりに挑戦したいというのが多く見られた。

③ うれしいくんしょう

六月にはいると、子どもたちの練習も熱がはいり、昼休みだけではなく、放課後も行うようになっていった。それにつれて、手にまめができ、そのまめをくんしょうと言って、誇りに思うようになっていった。片桐さん、高石さんは日記に次のように書いている。

くんしょう　六月二十六日　片桐りり子

おやゆびに、くんしょうができました。これには、二つのわけがあります。一つめはてつぼうでがんばりました。二つめは、おやゆびでてつぼうに、かぎをしていたからです。かぎをしなければまわれません。かわがむけているのに、わたしはグライダーをれんしゅうしました。そしたら、ついにそのかわがむけてしまいました。そしたら大屋先生と浅野先生がきました。大屋先生は、「くんしょうだ」といったので、わたしはうれしかったです。平山先生に見せたら、平山先生も「くんしょうだ」といってくれたので、うれしかったです。でもいたいです。

うれしいくんしょう七月九日　高石智絵

今日、わたしはくんしょうが手のおやゆびにできた。わけは、てつぼうのれんしゅうを二十分ぐらいした。うんていは十回やった。努力をしたこの三つです。はじめ、てつぼうをやってた時まめがおやゆびにあったけど、いたくはありませんでした。次にうんていをして九回めをやる時、あきちゃんが「トモエちゃん、ほら、くんしょうができたよ」といいました。わたしはびっくりしてあきちゃんの手のゆびを見ました。それで、わたしは「あきちゃんにまけてたまるか」と思いました。ちょっと水をのんでいこうというと、あきちゃんが「あ、トモエちゃん、くんしょうができている。ほら、おやゆび」といった。わたしはゆびを見たら自分もしんじられないほどのくんしょうができていました。あきちゃんは「おめでとう」といってくれました。とてもうれしかったです。

このように子どもは競ってまめを作ることに夢中になった。その成果があがり、たまご回り、グライダー、さかあがりが次から次へとできていった。

一人の子どもが新しい種目を見つけ、できるようになると、そのあとを追いかけてすぐに別の子ができるようになった。そのあとは、竹の子がはえるように広がっていった。

子どもの様子を見ていると、一つの種目ができるとその回数を増やして楽しんでいく子どもと、新しい技を開発して楽しんでいく子どもがいた。

例えばたまご回りが一回できると三回、五回、十回とできるようにして克服の喜びを味わう。あるいは、両ひざをかかえないで、片足だけかかえる、片ひざたまご回りという技を作って楽しんでいく。そのようにして子どもは取り組んでいった。

④ 全員逆上がりができる

一学期から練習してきた逆上がりが、十一月四日に全員ができるようになった。一学期のうちに三十七名はできたが、三名がまだできずに練習をしていた。十月二十六日に藍さんができ、十一月四日に、小林君と黒崎さんができた。

三人は、もくもくと練習に励み、まわりの子どもたちの声援にはげまされて、とうとうできたのである。できた喜びを黒崎さんは次のように表現している。

待ちに待った、この日

十一月四日　黒崎亜紀

今日、小林君は、さか上がりができるようになりました。クラスでできないのは私だけです。その時、気がむかなかったけれど、なぜかほうかご、練習しようと心にやくそくをしました。やりたい気持ちはなかったのに。

ほうかご、山本さんが「くろーあそぼうよ」といいました。私は「ねえ、山本さん、てつぼうやろうよ。さか上がりおしえて」とたのみました。そして、てつぼうをむねの高さにすると、タイヤを持ってきて、さか上がりの練習をはじめた。一回やるごとにタイヤを少しずつはなしていきました。

「黒崎さん、がんばって」と遠山さんがおうえんしてくれました。いつの間にか、高石さんや奈良さん、小川さんたちが私の回りにあつまって、おうえんしてくれました。タイヤはどんどんはなれていったけれど、遠くなっていくと、どうしてもできません。

「タイヤをふもうと思わないで、おちついて、かたあしずつあげればいいのよ」と山本さんが教えてくれたけど、やろうと思えば思うほど、あせってしまうのです。だんだんやっていくうちに、もう一段ひくくしてタイヤなしでやった方ができるようになると思うと、山本さんがいったのでそうしてみることにしました。あいさんもきて見本を一回やってくれました。

あいさんが「くろ、あしがはんたいじゃない？」と言いました。私は、左足をうしろ、右足を前にしていたのです。もう、はんたいでなれているので、できないと思うけれどやってみると、くるんと回れたのです。うれしくてうれしくてたまりませんでした。できる日をいつもまっていたのです。さかあがりができれば、てつぼうがたのしくなると思っていたのです。さかあがりができたら、てつぼうはもちろん楽しくなったけど、なぜか学校までが楽しくなりそうです。

でも今思うと、できた時のことがふしぎに思います。さかあがりができるようになるこの日をまっていたので、この日がきてよかった。こんどは、うしろ回りをがんばろうと思っています。

今日は、お友だちがおしえてくれたおかげでできたのだから、お友達にもかんしゃしています。おうえんしてくれた人たちありがとう。

これを読むと黒崎さんがどのようにしてさか上がりができていったのかの過程がよくわかる。

第一に、逆上がりをやってみようと思ったのは、できないのは自分一人になってしまったという気持ちである。自分もみんなのようにできたい、みんなの仲間入りがしたいという願いが出たからである。つまり集団の力である。

黒崎さんは小林君ができるようになったのを見て泣いた。だれかがバカにしたのである。あと残ったのは一人である。しかし、私はあえて強要しなかった。私は、黒崎さんが自分からやりだすまで待とうと思った。本当にできるようになりたいという自発性を待った。それが、自分一人になったということで出て来たのである。意欲が大切なのである。

第二には、その意欲を持たせるのは、友達との人間関係である。黒崎さんの場合には、山本さんがさそい、教えてくれた。友達といっしょに練習するということが大きな励みになるのである。しかもこの場合、遠山さん、高石さん、奈良さん、小川さん、藍さんと、何人もの友達が応援してくれた。ただ応援したのではなく、できる方法を発見してくれたのである。

山本さんは片足ずつあげればよいと助言したり、一段低くすればよいといってあげた。最後に藍さんが重大な発言をする。足が反対だという。私も黒崎さんのできない原因をいろいろ考え、補助もしたのであるが、足が反対ということにはまったく気がつかなかった。

子どもの目の方が鋭かったのである。できるということについて、友達がいかに大切かを私は深く学んだ。

第三には、できるまでの段階的な手立てが大切である。黒崎さんはタイヤを踏み台にして、それをだんだん遠ざけるという方法を取った。しかもそのあと、タイヤをはずし、鉄棒の高さを変えていった。こういう工夫があって初めてできたといえる。

このできた時、黒崎さんと数人の女の子が教室にとびこんできた。「先生、黒崎さんができた」と顔をまっかにして叫んだ。私はほんとうかと言って、運動場へ走った。すぐにはできなかったが、何回かやっているうちに、みごとにできた。

全員逆上がりができることによって、クラス全体の雰囲気は盛り上がり、やればできるという自信がみなぎっていった。これを境にして、鉄棒に対する取り組みは一層深まっていった。

⑤ 子どもが喜ぶ種目

生活科の中で鉄棒遊びをしていると、子どもが興味を持って、熱中して行う種目があった。三組の子どもが一番最初に取り組んだのは、グライダーといって鉄棒に足をかけ、空中にとんでおりる種目であった。これは男女とも夢中になり、誰が一番遠くまでとべるかという競争になった。そういう遊びを通して鉄棒に親しみ、逆さ感覚を培っていった。

次にほとんどの子どもが取り組んだのは、こうもりがえしといって鉄棒に両ひざをかけてぶらさがり、体を前後に振って足から着地するものであった。これは、下り――たまご回り――こうもりがえしというように技をつないでいく楽しみである。

子どもたちはそれぞれの能力に応じて楽しんでいったようである。

⑥ まとめ

学級経営の核としてこの一年間、鉄棒と取り組んできたが、そこから子どもも私も多くのことを学んだ。

まず子どもたちどうしの協力や助け合いが多くなり、クラスとしてのまとまりや連帯感ができてきたことである。

一つの新しい技ができる時、ほとんどの子どもが友達のアドバイスを受けている。そしてできた時、友達への感謝の気持ちを持っている。相互に学び合うという姿勢ができてきた。

二つ目には、健康になり、けがをする子がいなくなった。朝会でも倒れたり、気持ちの悪くなる子どもがいなくなった。また骨折する子は一人もいなかった。鉄棒の練習を通して、着地や手首がきたえられたからであろう。

三つ目には、自主的・自発的に運動に取り組むようになった。この一年間で一番変わったことは何かというアンケートで、鉄棒が好きになり、楽しくなったというのが一番多かった。

四つ目に、やればできるという自信を通して自己への信頼ができていった。自分も努力しだいではできるんだという自信が、他の勉強、生活への面でもよい影響をもたらした。

五つ目は、根気強さ、ねばり強さが身についていった。それと同時に集中力がついていった。

以上の点で子どもは変わっていった。鉄棒という一つの教材を通して、ダイナミックな学級経営ができることを知り、私自身、たいへん勉強になった。

（昭和五十八・二・五）

3 「雨ニモ負ケズ」の授業

千葉市立高浜第一小学校で校長の時、全校の子どもに「雨ニモ負ケズ」の詩を暗唱させた。一人一人、校長室で聞いた。

六年生の子どもには卒業前に二時間にわたって「雨ニモ負ケズ」の授業を行った。

学級づくり、学校づくりの中核として「雨ニモ負ケズ」を実践した記録である。

① 根本正雄授業記録　雨ニモ負ケズ　1/2 校時　H20. 3. 12（水）

発問・指示	子ども	参観して勉強になったこと
・宮沢賢治の紹介 本の表紙（肖像）を見せる。 図書室にある宮沢賢治の童話を見せる。 「君たちも教科書で学習しました。何かな。」 「雪わたりという童話を勉強しています。」	緊張している。反応が鈍い。	
「宮沢賢治が生きているときに出した本は何冊でしょう。」	５〜10 冊以上が多数。	ここで子どもは宮沢賢治自身について、意外なことを知る。子どもの関心が高まる。詩の内容や賢治の生き方につながる導入である。
「２冊しか出せませんでした。」 「だから死んだときは無名でした。行李にあった原稿を弟が紹介して作品が知られました。」 ・詩の学習 雨ニモ負ケズのプリントを配る。 「名前を書いたら鉛筆を置きなさい。全員終わったか確認するためです。」 「みんなしせいいいね。」	意外な様子。	
「雨ニモ負ケズは覚えやすかったか。」	覚えにくいに挙手が多数。	
「１年生も覚えられました。というのは、実は覚えやすく作られています。その秘密がここにあります。その秘密がわかるところに傍線を引いてください。 机間指導で子どもをほめる。 「はじめてやることだからでたらめでもいいよ。」と安心させる。	集中して詩を読み、考える。 徐々に各自線を引く。	
	寺崎「雨ニモ負ケズ風ニモマケズ」「東ニ〜」	
「ここに引いた人。」	ここに引いた子　多数	

「どうしてここに引いたの。」	寺崎「似た言葉を繰り返している。」	
「高橋さん、ではここで同じ言葉はどれですか。」	高橋「ニモ負ケズ。」	とてもテンポがよい。同時に落ち着いた、優しい口調で子どもたちが少しずつ安心して、集中していくので勉強になった。
「違うのは。」	「雨と風。」	
「そこだけです。こういうのをなんていうか知ってる？」		
「対句といいます。教科書の上に対句を使った詩が出ています。」 紹介		
「対句を使うととてもわかりやすいです。」		
「ではこちらで同じ言葉は何ですか。山川君。」	山川「東ニ。西ニ。・・・」 「アレバ。」	
「これも対句です。」		
「新しいプリントを配ります。今度はこちらの列から配ります。後でもらう列は早く書く工夫をしなさい。」		プリントの配り方で子どもの感情に配慮し、同時に書く力を鍛えている。
「プリントの２番。対句を使うとどんな効果があるのですか。」 机間指導でほめる。		
「一つ書けたらもう一つ書きなさい。」	集中して詩を読み、考えを書く。	
「書けた人立ちなさい。」	ほぼ全員立つ。	同じ答えの子を座らせる。間延びしない発表と確認の仕方。テンポがよい。
「おお、すごいね。では同じ答えだったら座ってください。」		
「こう書いた人。　おお、すごい。」	村野「対句を使った方が強調される。」	

	佐相「覚えやすくなる。」	
「とても良い考え方です。」	「堂々としてる。」	
「一番多かったのは覚えやすい。」	酒井「読みやすい。」	
「これは対句のほかにもう一つヒントを出すと、七つでできている。これはリズムが良い。ここも東西南北。リズムが出てきて覚えやすいです。	謝「リズムがよい。」	
「では七つでできている箇所は多いですか。」 「七と五を使っています。だからリズムが出てくる。」		
「では初恋を暗唱してみて。」	古川 暗唱	
「これもそうです。これを七五調といいます。七五調のようなものを定型詩といいます。」 「宮沢賢治は無意識のうちに定型詩を作ったんだね。だから覚えやすいしリズムがあるんです。」 中国の教科書を見せる。	子どもは音の数を確認。	詩のつくりを教えることで、子どもたちは今後リズムを意識することができる。これは読む、書く、話す、聞くすべてにつながることで、素晴らしい。
「これはどこの国の教科書ですか。」	「中国」	
「これは中国の１年生の教科書です。ここには富樫君が全校集会で暗唱した詩も載っています。」		
「中国では小学生はみんな覚えます。富樫君言ってみて。」	富樫 暗唱	
「拍手！」	拍手	
「これをプリントしたので持って帰ってください。」		
「裏に訳が載っています。上の教科書に載っています。松井君読んでください。」	松井 読む。	学校の実態に合った授業展開。富樫君はとてもうれしそう。自信になっている。
「この中国の詩は漢字いくつでできてい		

ますか。」	松井「五」	
「これを五言絶句といいます。」		
「七文字の詩を七言絶句といいます。」		
「みんなが使う漢字はどこから来たの。」	松井「中国」	
「中国の漢でできた漢字を使って日本語ができました。この学校は中国から来た子が多いです。自信を持って誇りを持って勉強してください。日本のお友だちも中国のことを聞いたりして勉強してください。」		中国の子の気持ちをわかってあげた授業になっている。これが定型詩から自然の流れで展開されているので素晴らしい。
「宮沢賢治が何地方出身か。理由となるところに印をつけ、考えを書いてください。」	集中して読み、書いている。	言葉から考えさせることで読解力を鍛えている。子どもがとても集中している。発問が良いからである。発問を用意する大切さを改めて感じた。
「みんなすごいね。とてもいいことを書いています。」	関東が少し。あとほとんどが東北。	
「理由を言いなさい。」	三浦「西に母がいるから九州が故郷。」 小林「中国は夏暑くて冬寒いから中国。」 酒井「漢字がいっぱいかかれてたから中国。」 高木「関東は暑く、時々雪が降る」 東北多数。 「東北の人は我慢強い。」 「夏も寒い。」 「寒い夏は冷害のこと。」	
「寒さの夏は冷害といいます。冷害で何が育たない。」	「農作物。」	
	「米」	
「農作物の中でも？」		
	「夏も寒い。」	

	「東北は夏も寒くておろおろ歩くから。」	
「何でおろおろ歩くんだ。」	「寒くて前に進めない。」	
	「東北以外は寒さが適さない。」 「やませがある。」	
「君、やませって知ってんの。」 「夏の寒風のこと。冷害の原因です。」		
伝記から答えを読む。		
「時間です。終わります。」	あいさつ。礼	

記録・授業分析　千葉市立高浜第一小学校教諭　大竹健太郎

②　根本正雄授業記録　雨ニモ負ケズ　2/2 校時　H20. 3. 14（金）

発問・指示	子ども	参観して 勉強になったこと
「宮沢賢治は豊かな生活をしていたか。貧しい生活をしていたか。」	全員　貧しいに挙手。	
「手を上げるときは腕を伸ばすこと。」		
「大事なのは理由を書くことです。２分で書きましょう。」	集中して読み、書く。	
「ちゃんと時間を計っています。」	「一日に玄米４合と少しの味噌で我慢しているから。」多数 「小さな小屋でいいと答えているから。」 「東北地方は貧しいから。」	時間を決め、時計で測ることで子どもの集中力、書くスピードは大きく上がる。
「みんな玄米って知っているかい。みんなが食べているのは？」	「白米。」	
「よく知っているな。」		
「米を精米して白くしたほうがおいしい。昔は高価だった。１合は 180cc。それと味噌だけ。茅葺って見たことがある人。」	知っている子どもゼロ。 「ふつうのいえ。」	
「白川郷を知らないか。体験学習が大切だ。茅葺とは簡単に言うと草だ。」		
「では宮沢賢治は本当に茅葺の家に住んでいたか。」		
「宮沢賢治は岩手県の花巻で生まれました。先生は実際に家を見てきました。後で言います。詩の中では茅葺の小屋に住みたいといっています。」		
「宮沢賢治はそういうものに私はなりたいと書いているんだけれど、どういう人になりたかったのか。しるしをつけて理由を書いてください。時間は２分。」	集中して読み、書く。	詩から宮沢賢治の人生観を考えさせる。これでこの詩の内容が子どもの中で深まっている。さらに道徳的

「１カ所書けた人立って。」 「２カ所。」 「まだある人。」	「ホメラレモセズ。 苦ニモサレズ。」 「アラユルコトヲ自分ヲ勘定ニ入レズ。」多数。 「雨ニモ〜ケシテ怒ラズ」 「東ニ〜北ニ」 「ミンナニデクノ坊トイワレ〜」 「日照リノトキハ〜」	な要素も持っている。
「こういうときはどうやって調べるかというと、そういうものに私はなりたいを見る。その前に書いてあります。ほめられもせず、苦にもされず。これは対句です。対句はここだけじゃない。このズがついているところを探す。」	ケシテ怒ラズ。 アメニモ負ケズ。など	文の読み取りの仕方を同時に指導しており、読解力がつく。
「ズとは何か。」 「苦にもされたいのされたくないの？」 「されたく」 「ズは否定語。ほめられたくないといっている。普通はほめられたい。」 「否定語の反対は。肯定語だ。普通は否定語で書かない。『君は素晴らしいね』普通は肯定語を使う。宮沢賢治はほめられもせず。苦にもされずといっている。」	「ない。」	
「自分を勘定に入れずと言っている。みんなは何かするときにまず誰のことを考える？」 「宮沢賢治は自分を勘定に入れずによく見聞きしといっている。みんなよく友だちのこと見てるかな。いいところ見てるかな。」 「そして忘れず。そしてはつなぎ言葉。前につなげて忘れない人間になりた	「自分。」	

い。」		
「怒らずのいみは。」	「怒らない。」	
「いつも怒っている人いないか。」		
「いつも笑っている人。先生誰かいるか。松井君、佐相君か。みんなもよく笑うように。」		
「欲はない。欲がない人いるかな。」	佐藤	
「君は欲がないのか。」	挙手	
「そして丈夫な体をもち。宮沢賢治はそういう風になりたいと書いています。」		
「では宮沢賢治は丈夫だったか。わかる文章を探し、理由を書いてください。」		
「これがわかったら素晴らしい。時間は1分。」		
「理由は、文章がわかればそれが理由になっているからね。」		
「途中でもいいから鉛筆を置いて。」	集中して読み、書く。	子どもの答えに対し、うなずき、ほめる。子どもが自信を持って発表する。
「丈夫だと思った人立って。」	丈夫11人	
「じゃあ今度丈夫でないと思う人立って。」	丈夫でない27人	
	「雨にも風にも負けない体を持ち、みんなのけんかを止めたりしている。」 「でくの坊と馬鹿にされても平気。」	
「丈夫な体を持っていたのか。」 「そういうものに私はなりたいと書いているが、なれたと思いますか。理由も書いてください。」 「なれたと思う子」	「そういうものに私はなりたいだから、なれなかった。」多数 「豊かな暮らしをしていたらこんな文は書けない。」 「玄米4合と味噌しか食べてないから。」	

	集中して読み、書く。	
「なれなかったと思う人」	5人 「がんばって実現できないことはないから」 「雨ニモ負ケズと書いてあるから。」 「こういうことを書く人は厳しいことができるから。」 「亡くなる前に書いたから。」 「なれてたらこんな詩は書いていなかった。」 「自分の願いを書いたから。」 「なりたいことが大きすぎる。」 「人生そんなに甘くない。」 「病気のときに書いたから。」	子どもの答えから大事なキーワードは板書し、他の子へのヒントにしていく。全体で考えが深まっていく。
「君知ってんの。病気だったんだ。」	「大人になってから書いたから実現できない。」 「粗食だから実現できない。」 「体が丈夫でないから。」	
「宮沢賢治はこの詩をいくつで書いたと思うか。」	40歳多数。	
「35歳です。死んだのは37歳です。結核で死にました。昔は治らない病気でした。これを書いたときはずっと寝てました。だからこの詩を書きました。欲はなかったか。」	「あった。」	
「欲もありました。怒ることもあったと思います。いつも静かに笑っていなかったかもしれない。時には自分を勘定	静かに聴いている。	

に入れたかもしれない。よく見聞きしなかったり忘れたりしたかもしれない。でもこういう人になりたかった。だからここに書かれているのは宮沢賢治の何だ。」		一つの詩から文法、読解、道徳的な内容を教えている。つながりに無理がなく、子どもは自然に考えを深めている。見事に教材を料理している。説明する内容や発問がいい。今後自分の生き方も合わせて考えるであろう発問が多い。また、今後の読書活動につながる意欲化も成功している。子どもは最後まで集中していた。
「宮沢賢治の願いを書いたんだ。田中君や三浦君が言ったようにね。」	深く考えさせられている。	
「何で宮沢賢治の作品は今でも読まれているか。これはこれからの宿題です。作品をたくさん読んでなぞを解いてください。」		
「もう一つ。宮沢賢治の家は豊かだったか貧しかったか。」	貧しい　多数	
「岩手県でも一番か二番に豊かな家に生まれました。だから盛岡中学校に入りました。岩手県で一番難しいです。今から 110 年前に中学に行くのは金持ちです。今の大学にもいきました。だから宮沢賢治の家は豊かでした。豊かだったけれど宮沢賢治はその家を飛び出してこういう暮らしをしました。」		
「なぜこういう生活を願ったのか、これを考えるのも宿題です。たくさん作品を読んでください。」		
「心に残ったことをタイトルにして原稿用紙 1 枚の感想を書いてください。」		
「終わります。」	あいさつ、礼。	

記録・授業分析　　千葉市立高浜第一小学校教諭　大竹健太郎

第5章

地域との連携を図る学校づくり

基礎学力を保証する研究会での向山洋一先生（中央）

1　グレーゾーンの対応システム・検討システム
学校、保護者、専門機関の連携システムを作る

グレーゾーンは、障害として「自閉症」「アスペルガー症候群」「ＡＤＨＤ」などと診断名がつくほどではないけれど、発達障害の傾向があると言われている子どもである。

グレーゾーンにいる子どもが増えている。支援が必要な状態にある子どもである。

グレーゾーンに対応するシステム・検討システムを構築しておくことは、子どもにとっても教師にとっても大事なことである。かつて勤務した学校では次のように行っていた。

（1）校内の共通理解

月に一度、特別支援指導委員会を開き、特別に指導を要する子どもの共通理解を図る場を設定した。問題となる子どもの実態と指導方法を検討するのである。

2年生のＭ君の場合、指導委員会ではＭ君の実態把握と指導方針の共通理解を図った。

①　どんな子どもか実態を調査する

○言葉をはじめとした遅れのある、注意力のとぶ、不器用な、切れやすい子ども。
○よく気がつく部分がある。刺激に敏感。好きなことには集中できる。
○特徴としては、待てない、割り込む、手を出す。

②　遅れている部分について分析をする

○注意力欠陥・多動性のためにできないことと、正しいやり方を教えられないためにできないことが混同されている。いろいろな場面で見極めていく。

○集団にいることでセルフエスティームが下がりやすい、テンションがあがりやすい⇓問題行動を起こす。元に戻りにくい。この状態で何かをしても無駄。
○頑固で自分のことを変えられないため、負けることを許せない⇓逃げる、手を出す＝勝ちと考える。
③　具体的な指導方法を検討する
○話を聞ける場面に持っていく。気持ちの切り替えを行う。
○聞いても理解できないので視覚的な指示、たとえば字に書いたり、実際にやってみせたりする。
④　今後の方向を検討する。
○　集団参加のできる子どもにしていく。

（2）保護者と面談

学校の指導方針が共通理解された後、保護者と面談を行い、保護者は子どもをどうしてほしいのかを聞いた。
①　学校の環境をよくしないとM君はよくならない。みんなと一緒によい学級を作ってほしい。
②　M君は差別を受けている。M君が学校や担任から差別を受けないようにしてほしい。
③　他の保護者に対して、学校はM君を理解してもらうように働きかけてほしい。

保護者の要望と考えを聞いた後、学校の指導方針を話し理解をしてもらった。学校が一方的に指導していくのではなく、保護者にも理解してもらい共通した考え方、指導を行っていくことを確認した。

面談は一回きりではなく、定期的に行った。その中で子どもの変容を伝え、指導方法も修正していくようにした。保護者の理解と協力の場を設けることがポイントである。

（3）専門機関との連携

校内での共通理解、保護者との面談のあと、専門機関との連携を図った。子どもについての診断や指導方法について指導してもらう場を設けた。
専門機関の指導者には、学校の研修会に来てもらい、全員の教師が話を聞いた。M君に対する指導についての共通理解を図った。

市の指導機関の指導

市の専門の先生の指導を受けながら、次の指導を行うことにした。
①どういう働きかけをするか一貫した指導をする。行動に対してどういう対応をするか、保護者とも連携していく。
②暴力行為で危険な場合は、手をつなぐなどの直接介入をする。
③悪いことをしたときに過剰反応しない。過剰反応すると反応してくれると思い、よい行為がない子どもは反社会的な行為で関心を引く。危険な行為の場合には、強い口調で言い両手をつかむ。行動しても意味がないことを分からせていく。
④どうしたいかを引き出していく⇓言わせていく⇓一つ一つ可能かどうか⇓自覚を図る。
⑤よい行動を増やしていく。いい部分を増やしていく。どういう選択をしていくか。この1年どういうことをできるようにしていくのか。レベルの内容をあげていく。
⑥着席行動も1年間でフルにしていく。最初は10分間できたら後はサービスにする。スモールステップを作り達成感を与える。
⑦善悪の指導は駄目なものは駄目と本人にも言い、親にも言う。母親との人間関係を作る。
⑧個別の支援計画を立てる。親の願い、実態をみる。学習・生活・行動で改善したいところ、伸ばしたいところを計画する。
以上の方法で指導者が共通理解を図り、一貫した指導を行っていった。

保護者との研修会開催

さらに、PTAと連携し外部の専門機関の方の指導の場を設けた。国立精神・神経センター精神保健所、児童思春期精神保健部（当時）の田中康雄氏を迎えて、教師だけではなく保護者にも話を聞いてもらう場を設けた。

学校だけではなく、保護者との協力を通してM君の指導を行っていきたいと考えた。研修会は次の内容であった。

①知的障害

②発達性協調運動障害

③注意欠陥多動性障害

④広汎性発達障害　自閉症グループ

⑤学習障害

このような指導体制によってM君は変容していった。

2　コミュニケーション能力を高める校内体制づくり

学習指導要領の改訂に伴い、特別支援教育の一層の充実が求められている。そのためには校内支援体制をどのように整備していくかの課題がある。

担任だけに任せるのではなく、学校としての対応が必要である。コミュニケーション能力を高める校内体制づくりは、どのようにしたらよいのであろうか。

（1）ADHDの子どもの実態

かつての勤務校にADHDの子どもがいた。K君は2年生であったが、次のような行動が見られた。

○奇声を発して大きい声をだす。友達とのコミュニケーションがとれずに押したりする。席を離れて歩き回り、教室からも出て歩く。

○言葉の発音がはっきりしない。語彙が少なく友達とのコミュニケーションがとれない。自分の意思や考えを十分に伝えることができない。
○コンピュータゲームを好み、何時間でも集中して取り組む。

担任は悲鳴をあげていた。一番困ったのは、席を離れて歩き回ることである。そして、友達を押したり殴ったりすることである。事故や怪我の危険性があり、他の子どもの安全が損なわれる事態であった。もはや担任一人の指導では対応することができなかった。そこで特別支援指導委員会が設置された。メンバーは、校長・教頭・教務主任・特別支援コーディネーター・学年主任・担任・養護教諭である。

4月の当初は毎日、放課後に行われた。9月以降は週に一度になった。毎日のK君の状況を担任から報告してもらった。報告に基づいて委員会で対策を話し合い、指導方針を検討した。

毎日行うことによって、担任一人に任せることなく、学校として取り組んでいく体制づくりをした。

(2) 個別指導計画の作成と方針の決定

特別支援指導委員会が最初に行ったのは、実態に基づいた個別指導計画の作成である。校内指導委員会で共通理解を図り、課題を解決していくことを確認した。

①保護者との連携を図り、協力体制づくりを図る。
②担任が全体指導をする中で、個別に指導していく。みんなと同じ課題でできるときには一緒に指導していく。
③みんなと一緒の課題でできないときには、他の指導者が別の課題で指導していく。
④音楽、図工、体育でみんなと一緒に学習できないときには、別室で他の指導者が個別に指導していく。みんなとできるところだけ一緒の指導をしていく。

指導には、担任以外の指導者が必ず入り、担任とともに指導するような体制づくりを行った。

個別指導計画を作成した後、関係機関・研究者の協力をいただき、指導方針を決定した。2008年11月、翔和学園で行われた東京大学の森俊夫氏の講演を聞いた。当時は深く認識できなかったが、森俊夫氏の講演を聞いて指導方針に間違いがなかったことを確信した。

森俊夫氏の講演は次のような内容であった。

ADHDの25%はてんかん症、行動障害、感覚過敏・不器用である。対人的相互反応における質的な障害に対応するのに次の指導を行う。

①非言語的コミュニケーションを発達させる。
②人と一緒にいて何かをすることを「楽しい」と感じられるようになること。
③周囲の人々の様子を観察・察知するようになること。
④周囲の人々の様子を理解して、それに合わせられるようになること。
⑤変化を楽しめるようにすること。

K君の最大の課題は友達とのコミュニケーションづくりである。友達とのコミュニケーションが図れれば、学習も生活も前進していくという方針が立てられた。しかし、どんな方法が効果的かは分からなかった。具体的な方法は、指導者のM先生にゆだねられた。その実践と報告をもとに、特別支援指導委員会は話し合いを行った。担任と特別支援の指導者がチームティーチングで指導する体制がとられた。

(3) K君への指導の実際

6月になると、K君の変化がはっきり出てきた。コミュニケーション能力が育ってきたのである。特別支援の指導者の何気ない指導が大きな効果を作り出していった。記録を紹介する。

6月23日、K君のこころの変化がはっきりとわかった。放課後、私と母親は教育相談室で話をしていた。K君は

R子さんと一緒に帰る約束をして、生活科室で2人で遊んで待っていた。

30分ぐらい経って、生活科室から戻ってきた。2人は楽しそうに私たちの前に来て、K君が「まだ遊んでいいか？」と尋ねた。「少しならいいよ」と答えた。すると私たちがいる隣のソファーのところでまたお絵かきをして遊び始めた。

しばらくしてK君が「ねぇ」と言って、私たちに自由帳を見せた。私はその自由帳に描かれた絵を見てビックリした。手前にはK君自身とK君を挟んでR子さん、T君が楽しそうに笑い、それをちょっと後ろで見ている私とA君も微笑んだ表情で描かれていた。

こんな絵を見たのは初めてだった。道路標識やテレビで覚えた言葉、アニメのキャラクターといったK君が日頃自由帳に描くものから大きく内容が変化していた。

最近は人の絵が描けるようになっていたが、その顔の表情はいつも冷たく、怒っているようなものばかりだった。私はすぐさま、絵の変化を母親に伝えた。母親は「最近、休み時間に遊んだりするのが本当に楽しいみたいで、その気持ちが絵に出ているのでしょうかね」と言った。私もK君が他の子どもたちと遊んでいる光景が思い出された。K君の他の子どもたちへの気持ちの変化がこの絵に表れたのだ。

K君が休み時間に生活科室で遊ぶようになったのは6月11日からである。その前の6月4日の1時間目に多動・衝動が過ぎたので落ち着かせるために、生活科室でお手玉やなわとびで遊んだのがきっかけだった。

その後も一、二度生活科室で落ち着かせてから教室に戻ることがあった。K君はそのときのなわとびが楽しかったようで、11日からは「休み時間に生活科室で遊ぼう」と言うようになった。生活科室で遊んでいると、H君やY君、Oさんが仲間に入ってきた。

K君は快く迎えて、一緒になわとびをしたり、お手玉をしたり、遊びのやり方をみんなに教えてあげたりした。日に日に人数が増えて、狭い生活科室は子どもたちでいっぱいになった。

今までK君の中では、かかわれる子が何人かに限られていた。しかし、この遊びの中でだんだんと他の子どもたちも受け入れるようになり、新しい遊びを見つけることもできるようになった。遊びの内容は次のようである。次々に新しい遊びを生み出している。

・なわとび　・タクシーごっこ　・かるた取り
・お手玉拾い　・お手玉投げ　・カーレース
・メリーさんの羊ごっこ　・羽子板
・陣取りジャンケン

（4）K君の変容

森俊夫氏の体験的共感的共有指導を行うことによって、K君は大きな変容をすることができたのである。指導者の記録を紹介する。

K君は、遊びの中で今までできなかったことをいくつか克服していった。
①なわとびを1人で8回跳べたこと。
②かけ声に合わせてジャンケンができるようになったこと。
③ジャンケンで負けたら諦めて譲ること。
④遊びの中では他の子と手や体が触れても気にならなくなったこと。
⑤みんなで遊びのルールを決めて、それに従うこと。
⑥「～ちゃん（君）、……してよ！」と呼びかけてから、自分の思いを言葉で伝えること。

これらのことがK君の自信につながり毎日の生活の中にも活きている。

今週になって、帰りの会に音読カードや連絡帳を率先して配るようになった。月曜日、K君を含め5人の子どもたちが、台風に備えて2年生全員のミニトマトの鉢を移動した。K君は学級花壇の脇に並んでいた鉢を昇降口まで

5つ運んだ。教室に戻ると担任の先生は彼らを黒板の前に横一列に並ばせた。

「前に並んでいる5人の人たちは、みんなのミニトマトの鉢を台風に備えて安全なところに移動してくれました。みんなのために頑張って移動してくれたんだよ！　立派ですね。本当によく頑張りました。みんなでお礼を言いましょうね。ありがとう」

担任の先生にみんなの前で褒められ、他の子たちからも「ありがとう」と感謝の言葉をもらった。K君や他の4人は照れくさそうにしていたが、笑顔でとてもうれしそうにその言葉を受け止めていた。

そのことがきっかけだろうと担任の先生が言っていた。また一つ「自分は友達のために役に立てた」という自信を持ち、音読カード配りにつながったのだろう。K君は子どもたち同士のかかわりの中で、今までの自分本位な考えだけでなく、自分とは違う人間の存在を認め、思いやる気持ちが少しずつ芽生えてきている。このような心の変化を大きく前進させるすばらしい出来事であった。

K君の絵は、ただ同じ教室にいる「ともだち」から、一緒に楽しんだり、喜んだり、思いやったりと本当の意味での「ともだち」への変化を表している。このことはコミュニケーションを苦手とする彼にとってすばらしい成長である。

母親は「こんなに早く、他の子どもたちと楽しそうにかかわれるようになるとは思いませんでした。一緒に遊んでくれるお友達ができてKは本当にうれしいみたいです」と、遊ぶK君を見つめながら笑顔で言った。私もとてもうれしい気持ちでいっぱいになった。

森俊夫氏は体験的共感的共有指導について、次のように述べている。

人と一緒にいたい、楽しいという感覚を持っている。関わる人が楽しくないといけない。いい感じ、ほんわかな雰囲気がある。笑顔が大切である。一緒に過ごす時間を楽しむ。体験共有相互作用の時間を多くする。一緒にいると楽しい。関わる。

周りを見させる。触ってあげる。物↓人の反応↓人の反応を見て↓合わせて評価できるようにする。変化を楽しむようにする。まずは①～③が必要である。

①リラックスはより多く良質の時間を子どもと過ごすようにする。スローライフスタイル。時間をゆっくりと。

②より多くの自己表現的コミュニケーションを用いること。こんなことがあった、思った、としゃべるだけ。

③（初期のステージの子どもには特に）一日を通して非言語的なコミュニケーションを強調すること。

④子どもが反応するための「待ち時間」をより長くすること（言語・非言語の反応にかかわらず）。反応を待つ。

⑤日常のかかわりの中に「生産的な不確かさ」を取り入れていること。

⑥子どもの発達的なレディネスレベルの状態に合わせて、相互的思考を取り入れる。間違ったことを教える。

⑦子どもとの信頼関係を築き発展させる。

⑧子どもと感情、気持ちを共有し、興味あるものに注意を向けさせること。

⑨子どもが自信、有能感を持てるようなやり方に焦点を合わせられること（一緒に喜ぶ、適切な挑戦課題を与えること）。

今振り返ってみると森氏が述べられた①～⑨までのことが、特別支援の指導者によってなされていたのである。

生活科室での遊びは、非言語活動である。

- なわとび　・タクシーごっこ　・かるた取り
- お手玉拾い　・お手玉投げ　・カーレース
- メリーさんの羊ごっこ　・羽子板
- 陣取りジャンケン

これらに共通しているのは、手を使っていることである。K君の特徴として不器用であり操作が苦手であった。

ところが、上記の遊びは手の操作性を高め、運動能力を高めることにつながっている。

しかも、相手のある遊びで、相手の気持ちや立場を受け入れながら楽しむ内容である。言葉で表現しなくても、なわ、かるた、お手玉、車、羽子板などの物を通して、コミュニケーション能力が育っていったのである。

特に効果があったのは、K君と指導者が一緒に遊び、一緒に喜び、適切な挑戦課題を与えていったことである。特別支援の指導者は若い女教師であった。体力もあり若さに満ち溢れていた。K君の活動欲求を十分に満たしてあげていた。

K君が要求することを厭わずにくり返してあげていた。先生や友達と一緒にいることの楽しさを味わうことができた。

特別支援の指導者の方法は、偶然にも森俊夫氏の指導理論と合致していたのである。そのために大きな成果を生み出していった。

学校体制づくりの中で、指導者も自信を持ってK君の指導をすることができた。一人で悩んでいるのではなく、多くの委員会のメンバーに相談し、経過を報告するなかで、孤立することなく指導できた。

K君の変容を報告し、評価されることによって自信を持つことができたのである。担任だけでなく、学校としての指導体制づくりが大切なのである。

3　外国人子女教育の実践

(1)　家庭や地域のボランティア活動を組織する

教育基本法の第十三条に「学校・家庭及び地域住民等の相互の連携協力」が示されている。次の内容である。

「学校・家庭及び地域住民その他の関係者は、教育におけるそれぞれの役割と責任を自覚するとともに、相互の連携及び協力に努めるものとする」

学校・家庭及び地域住民の連携協力は必要であり、どのように連携していくかである。

いまや、学校だけでは子どもの教育はできない。多様な問題を抱え、多様な子どもを教育するためには、家庭や地域住民の連携が必要なのである。

本校の実践例をもとにして、連携のあり方を検討する。

1　外国人児童の学習支援ボランティア

千葉市立高浜第一小学校には、外国人児童や中国帰国児童が多数在籍し、毎年外国（主に中国）から直接来日する児童もいて、多い年には編入児童が10名を超えることもある。

このため、高浜第一小学校には、外国人児童指導のための専任教員が配置されている。また、千葉市教育委員会からも優先的に指導協力員が派遣されている。

しかし、日本語指導や教科の補習が必要な児童が常に30名ほどいるので、対象児童の数に対し、専任教員と指導協力員だけではとても足りず、指導が行き届かないというのが悩みの種である。

そこで、外国人児童の学習支援ボランティアを募り、支援体制を充実させることにした。

（１）募集方法と応募状況

①学校のＨＰで呼びかける。

呼びかけに応じて１名の方が応募してくださったものの、乳児を抱えていたため、保育の問題があって断念せざるを得なかった。

②地域の自治会や子ども会に協力を要請する。

地域に住む中国帰国者で、母国で教師をしていた方を紹介していただいた。しかし、仕事を持っているために平日の来校が難しく、断念する。その方から、「地元の中国人で日本語が堪能な人のほとんどは仕事を持っていて、平日に協力することができない」「地域に住んでいると、児童のプライバシーに関わることに抵抗がある」との意見が出された。

次に、外国人住民の多い地区での問題を調査するために高浜地区に入っていた千葉大学国際教育センターの新倉涼子教授を紹介していただく。

新倉教授を介して、千葉大学の留学生の世話をしているグループと学生を紹介していただく。

その方たちが快く引き受けてくれたので、隔週火曜日に開いている「放課後学習指導教室」の協力をお願いした。

③地域で外国人児童生徒のための学習支援教室を主宰しているグループに要請する。

北京大学の留学経験と小学校教員の経験の両方を持つ方が協力してくれることになった。語学力を活かして日本語と教科のどちらも指導できるので、来日して間もない児童の通級指導と付き添い指導をお願いした。

④各地の研修会やシンポジウム等で、学校の状況を訴える。

千葉大学でのシンポジウムに参加した方から協力の申し出があった。台湾出身の元千葉大学教育学部の留学生で、たまたま高浜地域の学童保育ルームに勤務している方だった。この方にも来日して間もない児童の通級指導と付き添い指導をお願いした。

（2）ボランティアの活動

①「放課後学習指導教室」

隔週火曜日の放課後、千葉大学国際教育センターの新倉涼子教授と同大学留学生支援グループのメンバーや学生、合わせて5～6名がボランティアで来校し、プリントの採点や児童へのアドバイスを行っている。

②通級指導と付き添い指導

水・金曜日（指導協力員がいない日）の午前中日本語と中国語が堪能な小学校教員経験者と元留学生の方には、来日したばかりでほとんど日本語ができない児童の指導をお願いする。

日本語教室で個別に日本語指導や教科の補習を行っていただくほか、各在籍学級に入って主に算数の授業で通訳や補助をしていただく。

（3）ボランティアによる学習支援の成果

①「放課後学習指導教室」

児童2～3人あたり1名の指導者が付き添うので、指導が行き届くようになった。児童たちから「勉強がわかるようになった」「勉強が楽しい」「もっとやりたい」の声が聞こえるようになった。児童たちは、ボランティアの方たちと過ごす時間を待ち望んでいる。

②通級指導と付き添い指導

児童は、母語を交えての指導を受けることができ、日本語や教科の学習内容がよく理解できるようになったと喜んでいる。

また、日頃感じている不満や疑問を母語で吐露できるので、精神的な面でも役立っているようである。

このように専任教員の元吉ひとみ氏が中心となり、ボランティアを募集して指導体制を確立している。

専任教員だけではとても指導できない。家庭や地域の方々のボランティアでカバーすることで、中国児童の指導も行うことができる。

本校の教育では、いかにネットワークを駆使して、家庭や地域の方々の支援をしていただくかが大きな課題である。地域の教育力が欠かせないのである。

2　民生委員の指導

地域住民と連携の実践例を紹介する。千葉市には放課後教室という活動がある。留守家庭の児童を集めて放課後指導するのである。月に平均2回ほど実施している。本校では、放課後指導を「わくわく教室」と呼んでいる。

6月のわくわく教室は主任児童委員のTさんが中心となって、13名の民生委員の皆さんが指導してくれた。体育館でゲームを行いながら、楽しいふれあいがなされた。

①人数ごっこ
②なべなべ
③糸ほどき
④しっぽとり
⑤パラバルーン
⑥セブンステップ

挨拶のあと、最初に人数ごっこがあった。Tさんから次の指示があった。

「2人、3人と言われたらグループになります。違う人数になったら、今と違う人と一緒になります」

口で言われた人数でグループを作っていく。素早くできるグループ、仲間に入れない児童もいる。人数の仲間ができないときには、民生委員さんが入ってくれる。

「今度は、手をいくつたたくかで決まります。足らないときにはあと何人と言うんですよ」

Tさんが2回手をたたいたら、2人組を作っていく。3回たたいたら3人組になる。人数の足らない時には、「あと1人」というと民生委員さんが入ってくれる。

学級でやるとグループになれない子どもがでてくる。しかし、今回はたくさんの民生委員さんがいるので、安心してできた。

3回、7回の拍手もあった。数が多くなると聞いていないとグループになれない。

「今度は、花の名前でいいます。コスモスだったら4人です」

タンポポ（4）、タイサンボク（6）、レンゲソウ（5）、スミレ（3）、オオイヌノフグリ（8）、ユリ（2）などの花の名前でグループづくりがされていった。

最初は仲間に入れなかった児童も、知らず知らずのうちに仲間に入っていった。民生委員さんも児童と一緒にゲームに入ってくれた。

次は「なべなべ」である。

「2人で遊びます。なべなべ　そこ抜け　そこが抜けたら帰りましょう。手を離さないんだよ。大阪弁でいくよ」

2人組で「なべなべ」のルールを教えてくれた。2人組のあとは4人組である。

「4人組でいくよ。戦争になっても離してはいないよ」

4人組のあとは8人組、16人組、最後は32人全員で行った。成功したあとは大きな拍手が起こった。

今度は「糸ほどき」である。肩を入れてほどけなくする。最初は2人でそれをほどいた。鬼になりたい人はジャンケンで決め、何回か行った。

糸ほどきのあとは、「しっぽとり」である。学年ごとに集合する。

「紙テープを両腕で1・5倍の長さにします。4年生は赤、5年生は青、6年生は黄色です。紙テープを折ったりしません。ズボンの中に入れないでガムテープで背中にはりつけます。足で踏んでとります。取られたら帰ってきます」

最初は6年生だけが、次は5年生、次いで4年生、最後は全員で行った。

うまく逃げている児童も、取られた児童と歓声をあげて走り回っている。

パラバルーンは最初に民生委員さんがやって見せてくれた。上下に揺らして半球を床につくる。次は上下に揺らして半球を作ったあとに、全員が中に入った。見事に半球ができ、全員が入れた。

そのあと、児童だけで同じ動きを行った。力を合わせないとできない。これは仲間作りにとてもよい遊びである。終わったあと、児童も「楽しかった」と喜んでいた。幼稚園ではやらなかったので、楽しかったと話していた。

最後はセブンステップである。音楽をかけないでTさんがやり方を説明してくれた。

①歩く
②ワン　ツー　スリーでももをたたきます。
③ワン　ツー　スリーで手をたたきます。
④ワン　ツー　スリーで隣の人の手をたたきます。
⑤ワン　ツー　スリー　フォー　ファイブ　シックス　セブン　エイト　ナインと歩きます。
⑥ワン　ツー　スリー　フォー　ファイブ　シックス　セブン　エイト　ナインと元の所まで歩いてきます。

何度か練習したあと、音楽をかけてリズムに合わせて踊った。何度か踊るうちに踊っている子どもも見ている参観者も一体感があり、ハッピーな気持ちになっていった。

こうして約1時間、楽しいゲームは終わった。

地域の方々に指導していただく機会は少ないが、今回はとてもよい機会となった。このような地域の方々との連携によって、学校だけではできない教育をすることができた。

(2)「かるた」を使った日本語指導の工夫

1　高浜第一小校区の外国人児童の増加と対応

◆外国人児童教育（日本語指導など）の実践——高浜第一小学校の実態とこれまでの経緯

昭和60年頃から高浜第一小学校区内にある公営住宅に中国帰国者の入居が相次ぎ、中国残留孤児の3世・4世に当たる児童が次々に編入あるいは転入してくるようになった。

その数は増加の一途をたどり、平成21年度には95名となり、全校児童の26・4%を占めるまでになった。両親のいずれかが外国人という児童12名を加えると、実に全校児童の29・7%が、外国にルーツを持つ児童である。

日本語を母語としない児童は、日本語の理解が不十分なため、学校生活や学習に支障をきたすことが多い。そこで、高浜第一小学校では、外国から来た児童が日本での学校生活にソフトランディング(軟着陸)できるように、支援体制を整えてきた。

平成8年度から専任教員が配置されたのを機に、日本語教室「なのはな」を開設して外国人児童の日本語指導や学習支援を充実させた。

地域の要請を受け、外国人児童対象に放課後学習指導教室も開いている。さらに、校内で外国人児童教育に関する教職員の研修も行い、学校を挙げて外国人児童の指導に当たっている。

これら多岐にわたる指導のもと、外国人児童は日本語を学ぶ機会を得、きめ細かい指導を受けることで着実に学力を伸ばし、成果が上がっている。

2　指導の留意点

カテゴリーごとに、指導に際しての留意点を挙げてみた。一般的に言われていることに加え、日々の指導で感じたことも入れてある。

日本語指導の留意点

国語指導と日本語指導は異なる。

【国語指導】…日本語を母語とする児童に日本語を教える。すでに話しことばの基礎があり、日本語を使って意思の疎通ができ、日本社会の基本的な生活習慣や行動様式を身につけている児童を対象とする。

【日本語指導】…日本語を母語としない児童に日本語を教える。話しことばの基礎を作るところから始まる。ことばの背景にある生活習慣や行動様式から理解させる必要があり、使用場面の設定や、やさしいことばに置き換えての説明を要する。

3 日本語指導の実際

（1） 主な使用テキスト

児童の日本語習得状況や興味関心に応じたテキスト使用する。

○日本語学級1・2・3（波多野ファミリスクール 大蔵守久 凡人社）

○にほんごをまなぼう1・2・3（文部科学省 ぎょうせい）

○ひろこさんのたのしいにほんご1・2（根本牧ほか 凡人社）

○各教科の教科書等学習日本語の習得のために、随時JSLカリキュラムに沿った指導も行う。

（2） 指導の流れ

○日本語指導を中心とした場合

1 日本語の表現（語彙・文型・文法）の指導 30分

2 文字指導 15分

（3） 指導法の工夫

まず「聞く力・話す力」を伸ばすことに重点を置き、しだいに「読む力・書く力」の指導に重点を移していく。

○音声指導

音声の聞き分けと拍数を重視し、できるだけ初期の段階で基礎をかためておく。

○語彙指導

学習に必要なもの、身の回りにあるもの、食べ物や動物・昆虫など興味のあるものから徐々に語彙の数を増やしていく。

○文型・文法指導

文型を精選し、できるだけ具体的な場面設定を行い、児童生徒に文型の意味や用法を理解させる。

○言語行動

日本の文化や習慣に対する理解を深めることによって、円滑にコミュニケーションを図ることができるようにする。

（4）学習活動と教材・教具の工夫

○学習活動

ゲームやクイズ・アクティビティを取り入れ、楽しみながら自然に日本語の表現が身につくようにする。児童が「日本語の時間は楽しい！」と思うことが大切である。

○教材・教具

身のまわりにあるものすべてが教材・教具になる。具体物（実物・写真・イラスト等）を使い、「使える日本語」を習得させる。

4 「かるた」を使った伝統的な言語文化の指導の工夫

かるたは、遊びを通して文字や言葉に対する興味・関心を育て、知らず知らずのうちに知識を身につけることができる日本語指導に適した教材である。

どの子どももかるた遊びは好きである。かるたは学習活動にバリエーションを持たせ、子どもに意欲を持たせるのに適している。

しかし、楽しくできるからといって、安易に取り組むのではなく、日本語指導では、児童に習得させたい技能や知識に即したものを選び、効果をねらって取り入れることが大切である。

日本語に興味・関心を持たせたり、親しませたりする場合や教科学習の参考や読書のきっかけ作りなどにも「かるた」は有効である。

また、それまでの学習のまとめとして成果を確認することもできる。百人一首のような伝統文化にも触れることができる。

本校で実践している伝統的な言語的な文化としては次のかるたを使用している。

【使用例】

①ことわざ

「ことわざかるた」奥野カルタ店

「ことわざ漢字カルタ第1集〜第5集」奥野カルタ店

「犬棒かるた」すずき出版

②短歌

「小倉百人一首」任天堂

〔遊び方の工夫〕

かるた遊びは、ルールが単純で誰でも楽しめる遊びである。工夫次第でさらに楽しめる。

①タッチかるた

かるたは、通常絵札を取って集めるが、それだと次第に場の絵札が少なくなってしまうので、絵札はタッチするだけで、読み札の方をもらう。

②ハンディつけ

日本語の差が遊びの成績に反映するので、レベルに合わせてハンディをつける。例えば、取り札から離れたところからスタートする。後ろ向きで待つ。途中から参加するなど。

③読み手の交代

日本語力の高い子どもが読み手を務めたり、それぞれの子どもが読む枚数を決めて交代すると、練習になる。

〔授業中の位置づけ〕

① 授業のはじめ

かるた遊びは、意欲を高めたり、動機づけをしたりするのに効果的である。授業の始めにやるのもよい。

② 授業の終わり

その時間のまとめとしてやることもできる。また、「次回もきたいな、やりたいな」という気持ちにさせるので、授業の終わりにやるのもよい。

〔名文暗唱〕

本校では全学級で名文100の暗唱を行っている。

中国から来た子どもが、中国では1年生から詩を暗唱していると聞いた。さっそく中国語で暗唱してもらった。すると、流暢な発音でスラスラと諳《そら》んじた。その詩は日本の教科書にものっている「春眠暁を覚えず」であった。それを聞き、さっそく全校でも実践しようと決意した。そして、各学年で年間を通して実践し、成果をあげることができた。

4　社会科フォーラム全国公開研究会

明治図書の樋口雅子氏より、「社会科フォーラムＩＮ千葉」の開催依頼をいただいた。全国から約六百名の先生方が参加して行われた。

(1)　第一次案内（左頁参照）

(2)　「社会科フォーラムＩＮ千葉」公開授業の秘密

Ｉ　那覇市立与儀小学校根間篤子氏のお便り

平成21年２月７日、千葉市立高浜第一小学校で「社会科フォーラムＩＮ千葉」が開催された。沖縄から参加された根間篤子氏から次の便りをいただいた。

お久しぶりです。お元気ですか？

先日は、社会科フォーラムでたいへんお世話になりました。お礼の連絡が遅れた失礼をお詫び申し上げます。

今回、フォーラムに参加できたことは、私にとってとても大きな経験になりました。もし、根本先生と直接お話する機会に恵まれないままだったら、参加しようと思わなかったと思います。

フォーラムが根本先生の学校というのも大変魅力的でしたが、行って実際に自分の目で見て本当によかったと思います。私は３年生の授業を参観させていただきましたが、授業中の子どもたちの発言や態度、先生との穏やかなやりとりなど真似したいことがたくさんで、学級で実践することを考えるだけでモチベーションがどんどん上がっていきました。

平成２０年１０月１日

各小・中・特別支援学校長　様
各 教 育 関 係 機 関 様

２１世紀の社会科をつくる会　代表　北　俊夫
千葉市立高浜第一小学校　校長　根本　正雄

「社会科フォーラムＩＮ千葉」開催のお知らせ【一次案内】

秋涼の候、皆様方におかれましては益々ご健勝のこととお慶び申し上げます。

さて、２１世紀社会科をつくる会主催の「社会科フォーラムイン千葉」を下記のとおり開催いたします。ご多用の折とは存じますが、多数の皆様方にご参加いただき、ご指導・ご助言を賜りたく、謹んでご案内申し上げます。

《大会テーマ》

新学習指導要領・社会科“重点指導事項”を授業で検証する

1　期　日　平成21年2月7日(土曜日)　受付9:30　授業開始10:00

2　会　場　千葉市立高浜第一小学校
3　主　催　２１世紀の社会科をつくる会
4　共　催　千葉市立高浜第一小学校
5　後　援　千葉市教育委員会
6　日　程

受　付	9:30
高浜第一小学校・授業展開	10:00～10:45
高浜第一小学校・1·2年発表	10:55～11:05
模範授業Ⅰ	11:10～11:55
玉川大学准教授　谷和樹先生	
「金融のしくみを授業する」(6年)	
昼　食	12:00～13:00
模範授業Ⅱ	13:00～13:45
文部科学省教科調査官　安野功先生	
「４７都道府県の名称と位置を社会科的に料理する」(４年)	
対談	14:00～15:00
前文部科学省教科調査官北俊夫先生　安野功先生	
シンポジウム	15:15～16:45

パネラー　北　俊夫(前文部科学省教科調査官：現国士舘大学教授)
安野　功(文部科学省教科調査官)
片上　宗二(広島大学教授)
明石　要一(千葉大学教授)
向山　行雄(東京都公立小学校長)
谷　和樹(玉川大学准教授)
司会　樋口　雅子(明治図書)

7　参加費　３，０００円(昼食代込み)

8　その他

◇　問い合わせ　千葉市立高浜第一小学校　教頭　山下　敦史
《所在地》　千葉市美浜区高浜１－４－１
《ＴＥＬ》　０４３（２４６）６２６２
《ＦＡＸ》　０４３（２４４）７４８７
◇　第二次案内は、平成２０年１１月にいたします。

体育館での1、2年生のオープニングアクトは、見て、絶対に沖縄でもさせたいと思いました。帰ってから学年にもちかけてみたところ、我が与儀小学校でも、2年生の『6年生を送る会』のだしものに決定しました。うれしいです。高浜第一小の低学年の先生方に、快く教材を教えていただいたおかげです。厚く御礼を申し上げます。

平成20年12月、第1回TOSS体育フレッシュセミナーIN沖縄が那覇市で行われた。その懇親会に根間篤子氏は参加された。しかも私の目の前に座られた。

その席で、2月に行われる「社会科フォーラムIN千葉」のご案内をした。合わせて研究の様子をお話しした。それが縁で2月7日に千葉にお出でになったのである。

懇親会の席で私は、1冊のノートをお見せした。社会科授業の記録である。12月から学級担任の社会科の授業を参観し、授業記録をとり、分析したノートをお見せしたのである。

公開研究前に一人3回の授業を行い、私はすべての授業記録をとり、良いところと悪いところを分析して赤で書いていった。それをもとに、放課後、校長室で個別指導を行った。その記録の実物をお見せしたのである。

その席には鹿児島の石橋健一郎氏もお出でになり、そのノートをご覧になった。そのように指導した教師がどのくらい成長したのかを見て、確かめたいといって公開研究会に参加してくれた。感想が届いたが、根間氏と同じような感想であった。

本校の教師に4月の最初に、打てば響く子どもを育ててほしい、子どもが輝く授業をしてほしいとお願いした。そのためにどんなことをしていったらよいのかを考え、授業づくりをしてほしいとお願いした。

Ⅱ　授業づくりの手順

子どもが輝く授業づくりを行うために校長として、次の手順で授業づくりを行った。

①優れた授業を参観し、授業記録をとる。
②優れた授業の分析をする。
③分析を学び、担任が授業する。
④担任の授業記録をとる。
⑤担任の授業記録を分析する。
⑥再度、担任が授業する。

具体的にどのように行ったのかを紹介する。

優れた授業者として、文部科学省教科調査官の安野功氏と玉川大学准教授の谷和樹氏に公開研究前に実際に授業をしていただいた。

二人の授業記録をとり、私が分析し、以下のように整理して全職員に配布した。その記録を学び、担任には授業を組み立てて実践していただいた。

担任の授業記録をとり、分析したノートを根間氏と石橋氏にお見せしたのである。紙面の関係で安野氏と谷氏の授業分析のみ紹介する。

実際には安野氏と谷氏の授業記録、担任の授業記録、担任の授業分析がある。しかも、担任の授業は最低3回行っている。

最後は模擬授業である。板書計画、発問・指示も公開と同じように展開し、研究主任と共に参観し、指導に当たった。

この一連の授業づくりで担任は自信を持って公開研究会にのぞむことができた。そして、「やってよかった」という満足感を味わうことができたのである。

校長がどんな子どもを育てたいのか、どんな授業づくりをしたいのかのイメージがなければ、学校の授業づくりはできない。

私がイメージを持つことができたのは、向山洋一先生をはじめＴＯＳＳの先生方の実践から多くのことを学んでいたからである。ＴＯＳＳの財産を活用し、指導法を取り入れた成果である。私個人の力では無理であった。そういう意味で、ＴＯＳＳの学校づくりの成果である。できることなら、ＴＯＳＳの先生方に本校で実践した学校づくりを追試してほしい。それをもとにして、オリジナルの学校づくりをしていただきたい。

そうすれば、日本の教育は間違いなく変えることができる。２年間で子どもが変わり、学校が変わったのである。一人の人間が本気になればできるのである。教育の可能性に挑戦していってほしい。

Ⅲ　安野功先生授業分析

１　授業づくりの秘密、手持ち指導案の作成

今回の目玉は授業づくりの秘密を公開してくれたことである。企業秘密である。その一つは手持ち指導案である。スケッチブックの大きさの特製のノートに手持ち指導案は書かれていた。

実際の手持ち指導案には、赤、青、緑の色で書かれていた。どれが大事であるのかが一目で分かるようになっていた。しかも、その大半が板書で活用された。思考の経過が分かるようになっていた。

普通の指導案はイメージがしにくいが、手持ち指導案は構造化され、視覚化されているので授業の流れがよく理解できた。その理由は、授業の組み立てが分かりやすく示されていたからである。

1. サワラとの出会い
2. 水産資源激減の事実に出会う
3. 調べ、考える
4. まとめメモ

その組み立てにそって、資料が配布されていった。配布資料もきちんと図で示されている。

配布資料1　「サワラ情報」　食→魚へ
配布資料2　「瀬戸内海でとれるサワラの量」
配布資料3　「ワークシート」
配布資料4　「サワラを増やす取り組み」

指示はその資料と関連させて、具体的に示されていた。配布資料と指示とが一体化されていた。具体的な資料を手がかりにして考えさせるので、子どもは自分の頭を使わざるを得ない。

資料提示→考える→メモする→発表の順に学習が行われていった。資料の提示も掲示計画がきめ細かにされていた。

指示1　（配布資料1を見て）地図帳で位置確認
指示2　（掲示資料1を見て）2分間　ノートメモ
指示3　（配布資料2を見て）3分間　プリントメモ
指示4　（配布資料3を見て）空欄にたぶん………をメモ
指示5　（配布資料4を見て）これだ！に赤丸をつけて　考えたことメモ

2　教材研究の深さと資料提示の工夫

①子どもの「はてな」を引き出す資料の提示

子どもの生活から程遠いサワラについて、「サワラ情報」の資料を配布した。その資料には、サワラの形、大きさ、漁獲方法、値段、賞味方法が示されている。

1kg200円前後が5500円まで値上がりするという事実を強調して、説明された。子どもには「なぜこんなに値段が上がるのだろうか」というはてなが生まれた。

②課題追求を促す資料の提示

次に「瀬戸内海でとれるサワラの量」のグラフを掲示した。昭和60年から平成18年度までのサワラの漁獲量を示した棒グラフである。安野先生は全部一度に掲示したのではない。漁獲量が年々減っている平成10年までのグラフを掲示した。年々漁獲量が減っているから値段が上がったことを示したのである。

そのグラフを示した後、「漁獲量はこのあと、どうなるのか」と発問した。増えていくのか、横ばいか、減っていくかと追い込んだ。子どもが考えざるを得ない状況に追い込んだのである。思考を限定することによって、全員学習に参加させ、課題追求を促す資料の提示をしたのである。

③課題を追求させる資料の提示

図で示した後、全員の子どもに1つを選択させて挙手させた。一番多いのが横ばいであった。

次に安野先生は「瀬戸内海でとれるサワラの量」のグラフの平成11年度から18年度までのグラフを提示した。このグラフを見せて「見つけたこと、分かったこと」をプリントに書かせた。

サワラの漁獲高は年々増加していることが分かる。グラフから読み取らせたのである。そして中心課題である「どのようにしてサワラ赤信号から黄信号に変えたのか」を追求させていった。

④課題を発見させる資料の提示

最後に「サワラを増やす取り組み」の資料を配布した。そこには、平成8年度から16年度までの「サワラを増やす取り組み」が年度別にまとめられている。

ワークシートの空欄に調べたことが記入できるようになっている。調べる資料が限定されているので、誰でも課題が発見できるのである。そして、「育てて、とる」という結論を子どもの力で解決させていった。

このような指導ができたのは安野先生の深い教材研究であり、子どもが課題解決できる資料の提示である。

3　知的好奇心をそそる授業の組み立て

資料の提示は授業の組み立てと関連している。安野先生の授業の組み立ては次のようになっている。

①ハラハラドキドキする資料

②どうしてなのだろうと考えさせる資料

③謎を解決する資料
④納得する資料
つまり、子どもの知的好奇心を促し、深めていく組み立てになっている。推理小説の面白さである。犯人を捜していくドラマになっている。次から次へ犯人を追い詰めていく証拠が出される。

謎を一つ一つ解きながら、最後に犯人を捜し、事件を解決していく組み立てになっている。教師が押し付けるのではなく、子どもが自らの力によって解決していくステップになっている。ステップを仕組んでいるのである。詰み将棋を見ているようであった。授業構成力の巧みさである。

4　学習技能の指導

安野先生は課題解決を行うために、実に細かな学習技能を指導された。飛び込みの指導ではあったが、授業の効率を高めるために丁寧に指導された。

①プリントの配り方　列ごとに用意しておき、一番前の子どもに渡し、一番後ろから配布させた。過不足があったときに処理がしやすいからである。

②子どもを集中させる　「字を書いたという人は、目、ここを見てね」と指示する。「聞く人は絶対あそこを見るよ」といつも教師や発言する子どもを見るように指導していた。

③書く作業は2分間、3分間と限定している　ノートやプリントに分かったこと、考えたことを短い時間にまとめ、書く指導を行った。

④机間指導をしながら、子どもの書いた文章に赤丸をつける　子どもが作業をしている間、赤いボールペンで評価をしながら子どもの考えを拾いあげていた。発表させる子どもを準備していた。

⑤次の学習に入る前には、必ず全員に鉛筆を置かせ、教師に集中させる　「鉛筆を置いてください」と作業を中断させた。それから新しい課題を提示していった。

⑥関わり合いを作る工夫を行う　「書いている人も書いてない人も、隣の人と向き合って膝をあわせて、自分の考

えを相手に言ってください。それからノートに書いてください」と指示する。この指示で友達との関わり合いが生まれた。書けない子どもは友達の考えを聞くことによって、ノートに書くことができる。全員、学習に参加できるようにしたのである。

⑦発表の仕方を指導する　前の席に座っている子どもが発表した時に「向こうを向いて、みんなに聞こえるように」と後ろ向き、全員に向かって発表するように指導した。

⑧発言の仕方を指導し、発言を広げる指導をする　一人が発表したら「付け足せる人」「続く人はいないかな」「どうですか」と次の発言を促す指導を行った。子どもが「平成9年を見てください」といったとき、誰も返事をしなかった。そこで安野先生は、「全員に、ハイと言うの」と指示し「ハイ」と全員に言わせた。

「見つけたこと、考えたことがあったら発表してください。書いてあったら絶対に手をあげます」と言って発表させた。これは学習のルールとして決めておくとのことである。

⑨資料読み取りの指導をする　「どこから言えると思う、どこから出てきたんだと思う」「分解してみようか。グラフの見方、ここを見るんだ」と指導する。

⑩言語指導を行う　「『だ。』と終わりするのではなく、『そのことから』のように、『から』と書いてください」と理由を説明する文章の書き方を指導した。これは論理的思考を育てる指導にもなっている。

Ⅳ　谷和樹先生授業分析

1　マネージメントの指導技術

①常に笑顔で話す。
②言葉が明確ではっきりしている。
③全員を授業に参加させている。ノートに書いたことは必ず発表させる。
④リズムとテンポのある授業である。ドキドキ、ワクワクする。

⑤書く→話す→比較する活動がくり返されている。
⑥子どもを焦らして集中させ、引き込む。
⑦資料が具体的で思考を深めていく。発言できる資料、発言を促す資料を提示する。
⑧スマートボードにより、常に子どもに正対して指導する。
⑨スマートボードにより、変化のある画面があり、興味、関心、意欲を高める。
⑩変化のあるくり返しで、リズムとテンポを増幅する。
⑪1つのパーツが短時間である。3分から5分で書かせ、発表させ、まとめている。
⑫常に活動させ、間が空かない。空白の時間がないので子どもは飽きない。

2　組み立ての指導技術（ゴールへの布石・本時の目標をストンと落とす道筋）

【起】
①一番大切なものは何か。〈拡散的発問〉
②大人にアンケートをとると一番多い意見は何ですか。〈拡散的発問〉
【承】
③どんな人がいたら、どんな理由で不公平になりますか。〈拡散的発問〉
【転】
④危ない人がいるんだ。事故にあいやすい。どういう人がいる？〈拡散的発問〉
【結】
⑤一番危険だと思うのはどれか。〈集中的発問〉

3　思考・判断力を高める指導技術

①全員のノートに書かせる。

←

②全員のノートを評価する。
←
③全員に発表させる。（どの考えに賛成か、挙手をさせ人数を確認する）
←
④スマートボード（資料）で子どもの考えをゆさぶる。
←
⑤子どもが自分たちで原理や法則を発見する。
←
⑥共有する。

4　学習技能を身につけさせる指導技術

①短い時間で全員に書かせる言葉がけを駆使している。
・それ以外にない？　他のところでは、いろんなことがでているよ。
・何か書くんですよ。書いた人。書いていない人。何でもいいんですよ。何も書いてない人は立ってもらうよ。
・書けた人、ノートを先生に持ってきて見せてください。
・ストップしていいか。これで限界か。それでは意見を発表してもらおうかな。
・以上か、もっとノートに書いてあるのをみたぞ。読むだけでいいんだ。
②子どもの考えや意見を誉めて誉めて、心を開かせ授業に引き込んでいく。
・もって来てね。（一人一人のノートを見ながら、次々にコメントしていく）
　こういう考え方もあるね。ＯＫ。なるほど。そうなんだよ、偉い。その通り。この言葉が大事なんだな。こういう人、いますね。なるほど、これは面白い。すごーくいい。最初のキーワードだ。なるほど、なるほど。よく考えた、偉い。

・書けた人は2個目、3個目書いて持ってきて見せてよ。天才だな、みんなは。確かに凄い。

③見せたいものは最後に見せる。子どもを集中させ、思考を深めさせていく。

子どもの見たいCをわざと見せないで、違うところから見せる。同じことをくり返す中で、次第に子どもは学習に集中していく。

谷　いろいろな人が混ざっていたら不公平だな。どれを見たい。

子ども　Cを見たい。

谷　それではFを見てみよう。20歳。次はどれを見たい？

子ども　Cを見たい。

谷　それではAを見てみよう。35歳。次はどれを見たい？

子ども　Cを見たい。

④資料提示を工夫して、子どもの思考力・判断力・推察力を高めていく。

・危険な仕事を出していくよ。（スマートボードで少ない順に開いていく）

5　対応の指導技術

①発表の方法をそのときの場に応じて選択して、最適の効果を作り出している。

・挙手をさせ、教師が指名していく。

・指名なしで自由に発表させる。

「あてないで、発表したい人から、ノートに書いてあることを発表してください。全員に発表してほしい」

・書いた子どもを起立させ、順番に発表させる。

②時間通りに終わる。

・勉強して思ったこと、疑問に思ったことがあったらノートに書いてください。ノートを見せてもらって終わりにします。終わりにします。ノートを集めて置いてください。

5 「第5回基礎学力を保証する授業研究会IN千葉」全国公開研究会

（1） 全国から1133人の教師が参加

２０１０年２月20日、千葉市立高浜第一小学校で第５回基礎学力を保証する授業研究会が開催された。北は北海道から南は沖縄まで、全国の先生方１１３３人が参観された。第一校時は本校の保護者参観である。２１５名の保護者の皆さんが参観された。10時からは教育技術学会の皆さんが、各教室で授業を行った。各教室には80名から１００名の先生方が参観し、ある教室は入りきれないほどの先生方がお出になった。群馬県前橋市の先生は、次のお便りをくれた。

「高浜第一小学校の立派な授業公開たいへんありがとうございました。すばらしい子どもたちが生き生きと学習し、見事に発表しておりました。図書室やロビーに飾られた絵、書道もみな素晴らしく、菜の花畑のように温かい学校でした。整然としながらも温かい案内をしていただき、感激いたしました。本当にありがとうございました」

授業の様子は12時10分からのＮＨＫニュースでも放送された。３年生の道徳の授業、６年生の英語の授業の様子が紹介された。子どもが生き生きと発表したり活動したりしている様子が、短い時間の中でまとめられていた。

ＮＨＫ総合テレビだけではなく、ＮＨＫＢＳテレビ、ＮＨＫラジオ第一放送でも同じ時間帯に流された。

千葉日報でもカラーの写真入りで紹介された。「英語の授業は、参観の先生たちも巻き込み、ゲーム形式を取り入れながら楽しく展開。島根県から参加した教諭は『授業が進むに従って、子どもたちが会話を習得、自信を持って取り組むようになった』と話していた」という記事を紹介していただいた。

（2） 基礎学力・公開案内

平成２1年10月１日

各小・中・特別支援学校長　様
各　教　育　関　係　機　関　様

日本教育技術学会会長　向山　洋一
千葉市立高浜第一小学校校長　根本　正雄

「第５回　基礎学力を保証する授業研究会ＩＮ千葉」開催のお知らせ

秋涼の候、皆様方におかれましては益々ご健勝のこととお慶び申し上げます。

さて、日本教育技術学会主催の「第５回　基礎学力を保証する授業研究会ＩＮ千葉」を下記のとおり開催いたします。ご多用の折とは存じますが、多数の皆様方にご参加いただき、ご指導・ご助言を賜りたく謹んでご案内申し上げます。

大会テーマ

習得 活用 探求のモデル授業～基礎・基本の学力をつける授業の提案～

１　期　日　　平成２２年２月２０日（土曜日）　受付9:00　授業　10:00
２　会　場　　千葉市立高浜第一小学校
３　主　催　　日本教育技術学会　千葉県教育技術研究会
４　後　援　　千葉市教育委員会　千葉県教育委員会（予定）
５　日　程　　受　付　9:00
　　第１校時授業展開　学会員　10:00～10:45
　　移動　10:45～11:00
　　第２校時授業展開　11:00～12:00
　　玉川大学准教授　谷和樹
　　長崎県公立小学校教諭　伴一孝
　　昼　食　12:00～13:00
　　講　演　13:00～13:30
　　日本教育技術学会会長　向山洋一
　　基調提案　13:40～14:10
　　千葉市立高浜第一小学校　根本正雄
　　シンポジウム　14:30～16:00
　　パネラー　向山　洋一（日本教育技術学会会長）
　　　　　　山極　　隆（玉川大学教授）
　　　　　　明石　要一（千葉大学教授）
　　　　　　野口　芳宏（植草学園大学教授）
　　　　　　大森　　修（日本教育技術学会理事）
　　　　　　谷　和　樹（玉川大学准教授）
　　　　　　伴　　一孝（長崎県長崎市立橘小学校教諭）
　　　　　　高濱　正伸（花まる学習会代表）
　　　　　　小森　栄治（日本理科教育支援センター）
　　　　　　江部　　満（日本教育技術学会理事）
　　　　司会　樋口　雅子（日本教育技術学会理事）
６　資料代　５，０００円（２月１０日以降入金の方は６，０００円となります。）
　キャンセル規定　入金後のキャンセルは、
　　２月１０日まで・・・事務手数料１，０００円を差し引いた４，０００円を返金。
　　２月１１日以降、前日までのキャンセル・・・２，０００円を返金。
　　当日キャンセルは返金できません。
７　その他

◇　問い合わせ　基礎学力を保証する授業研究会ＩＮ千葉事務局長　並木　孝樹
《ＴＥＬ・ＦＡＸ》　０４（７１４６）４５５０

「第５回　基礎学力を保証する授業研究会ＩＮ千葉」授業者一覧

１校時　学会員による授業（各教室）

クラス	教科	担任名	授業者	単元名	内容
1の1	国語	山根充世	椿原正和（熊本県人吉市立人吉東小学校）	みんなにつたえよう	思っていることが相手に伝わるようにみぶりや言葉を使って表現する。
1の2	生活科	福島きみ子	桑原和彦（茨城県鉾田市立諏訪小学校）	みんなかぜのこ	伝承遊びについて知り、活動を楽しむ。
2の1	算数	佐藤三起子	木村重夫（埼玉県皆野町立皆野小学校）	10000までの数	10000という数の概念を理解する。
2の2	音楽	永谷美沙子	関根朋子（東京都北区立王子第二小学校）	みんなであわせよう	「こぐまの二月」合奏を楽しむ。
3の1	道徳	小林さよ子	河田孝文（山口県下関市立桜山小学校）	生命の尊重	資料「太助がいく」を通して生命の大切さを知る。
3の2	図工	伊藤温子	高橋正和（福井県福井市国見中学校）	靴下や手袋に魔法をかける	布や紙の特徴を生かし、思いついた物を作る。
3の3	総合	藤咲貴久	甲本卓司（岡山県久米郡久米南町立弓削小学校）	感謝の気持ちを伝えよう	６年生を送る会で６年生に感謝の気持ちを伝える活動の練習をする。
4の2	理科	木原貞一	小森栄治（日本理科教育支援センター）	変身する水を調べよう	水が水蒸気になる様子を調べる。
5の2	保健（ライフスキル）	吉崎央絵	新牧賢三郎（東京都大田区立徳持小学校）	病気を防ぐ	日常の生活と生活習慣病の関わりについて知る。
6の1	社会	宮内博史	松崎　力（栃木県茂木町立逆川小学校）	世界の中の日本	自分の調べたい国を取り上げ、日本との関わりについて調べる。
6の2	英語	菅原　恵	間宮多恵（東京都品川区立清水台小学校）	Countries	Where are you come from?

２校時　全体会での授業（体育館）

クラス	教科	担任名	授業者	単元名	内容
4の1	社会	染谷一道	谷　和樹（玉川大学）	わたしたちの県	野田のしょうゆ工場がどのように発展してきたか調べる。
5の1	国語	大竹健太郎	伴　一孝（長崎県長崎市立橘小学校）	構成を工夫して書こう	組み立てを考えて効果的な表現で書く。

日　程

8:35　9:20　9:40　10:00　10:45　11:00　12:00　13:00　13:30　13:40　14:10　14:30　16:00

学会受付(9:00〜)	学級指導	移動・準備	学会員による授業	移動・準備	谷先生伴先生の授業	昼食	講演	準備	基調提案	休憩	シンポジウム

シンポジウム

パネラー　向山洋一（日本教育技術学会会長）
山極　隆（玉川大学教授）
明石要一（千葉大学教授）
野口芳宏（植草学園大学教授）
大森　修（日本教育技術学会理事）
谷　和樹（玉川大学准教授）
伴　一孝（長崎県長崎市立橘小学校教諭）
高濱正伸（花まる学習会代表）
小森栄治（日本理科教育支援センター）
江部　満（日本教育技術学会理事）
司会　樋口雅子（日本教育技術学会理事）

◆会場案内◆

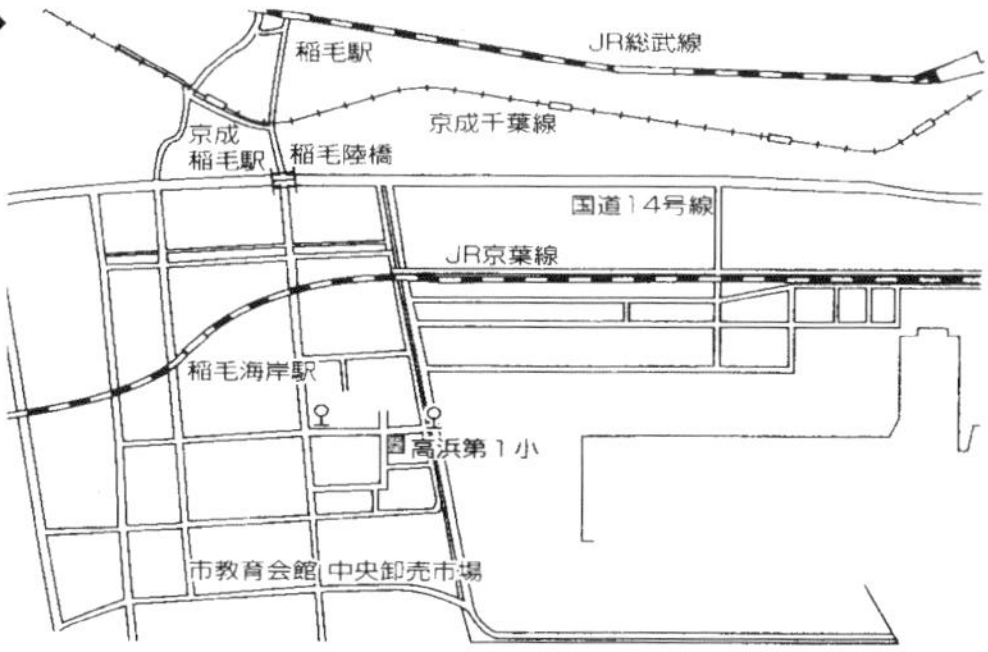

※　公共の交通機関をご利用ください。

交通機関
●ＪＲ総武線快速千葉方面行き　稲毛駅下車
「海浜交通バス」10分　タクシー8分　約1,070円
バス２番乗り場から「高浜車庫行」高浜消防署入口下車
バス３番乗り場から「稲毛海岸駅行」運輸支局入口下車
●ＪＲ京葉線快速「蘇我行き」で　稲毛海岸駅下車
徒歩15分　タクシー5分　約710円

※ＪＲ総武線は東京駅地下５階の総武線ホームから、
ＪＲ京葉線は東京駅の南方、京葉線地下ホームから発車します。
どちらも学校の最寄り駅まで快速で約４０分です。

【申込方法】

必要事項　件名【第５回基礎学力を保証する授業研究会申込】

（１氏名 ２メールアドレス ３郵便番号 ４住所 ５　学校名

６パーティー参加の有無　７弁当の有無）

を明記のうえ、下記どちらかで申込みください。

1 事務局 戸村隆之（taka-t.oami@guitar.ocn.ne.jp）まで

メールで申し込みください。

2 ホームページの申し込みフォームをご利用ください。

URL http://www2.ocn.ne.jp/~taka3net/kisogakuryoku5.html

＊入金確認後本受付となります。

公開授業の参観教室は本受付順に選択できます。

＊入金先は参加者ＭＬでご案内いたします。

＊研究会終了後パーティーを行います。別途参加費が必要です。

会場；ヴェルシオーネ若潮　〒261-0004 千葉市美浜区高洲3-8-5

TEL043-279-1313

時間；１７：００〜１９：００　参加費；６，０００円

＊昼食弁当は事前申込みが必要です。

弁当代（１，０００円）は資料代に含まれていません。

＊持ち込みの昼食は体育館で食べられます。

＊定員になり次第、申込み受付を終了いたします。

＊上履き・スリッパは持参してください。

（3）高浜一小学校紹介①

——公開研究会の前に、全国の先生方に次のような学校紹介をお送りした。

参加者の皆様へ

根本正雄です。

高浜第一小学校紹介です。本校のモットーは「ディズニーランドのような学校にしよう」です。私が3年前に着任して以来、子どもにも先生方にも話しています。

本校の子どもは恵まれた家庭環境のものばかりではありません。そういう子どもに、学校に来れば楽しいことがあるという場所にしたいと願い、学校づくりをしてきました。

私は毎朝、7時40分から8時10分まで校門に立って、子どもとハイタッチをして挨拶をしています。ディズニーランドのキャストがお客様を笑顔で「こんにちは」と出迎えるように、門で子どもを迎えています。校門の外は厳しい現実の世界ですが、校門の中に入れば夢の世界、非現実の世界にしたいと思っています。

ハイタッチはその切り替えの儀式なのです。

ディズニーランドのような学校にするために、学校環境を整えています。

運動場や教室や階段にはゴミが落ちていないように、清掃がきちんとできる子どもに育てています。花壇には花がいつも咲いているようにしています。学校を美術館にしたいと願い、子どもの作品や優れた作品を展示するようにしています。

音楽の響きが常に学校に流れるようにしています。朝の会、帰りの会、音楽の時間に歌や演奏が聞こえるようにしています。全校音楽集会を定期的に開き、各学年の発表をしています。地域の公民館で学校主催のミニミニコンサートを定期的に開いて、地域の方にも聴いていただくようにしています。

一歩教室に入れば、温かい環境が子どもを迎えるようにしています。多くの掲示物で寂しい子どもの心が癒されるようにしています。学校に行けば、教室に入れば、家とは違って友達がいる、先生がいる環境にしています。はやく学校に行ってみたい、毎日学校に行きたいというようにしたいと願っています。ですから本校にはいじめがありません。不登校生がほとんどいません。

その典型が図書館です。昨年度の社会科フォーラムで向山先生がお褒めくださいました。図書館指導員の先生が、ディズニーランドのような図書館にしたいといろいろと工夫した図書館運営をしてくれています。家庭や教室に居場所のない子どもも図書館に来れば、温かい居場所が得られるようにしてあります。

当日は授業者の皆さんの控え室になっていますが、お邪魔にならないように参観してください。一歩入ると、夢の世界です。本が「皆さん、私を読んでください」と呼びかけています。「高浜一小読書１００選」の一覧が掲示されています。素晴らしい授業も展開されますが、あわせて学校環境もご覧ください。写真、映像に収めていただいて結構です。

（4）高浜一小学校紹介②

――公開研究会の当日の日程について、参加者の先生方に案内を出した。

当日の流れについてお知らせいたします。

①一般会員の皆様の受付は、9時からになっています。運動場にテントが3張あります。そこで受け付けを行っています。その際、はがきを見せて資料を頂いて下さい。

②資料を配付されましたら体育館に入って下さい。スリッパは用意してありませんので、各自持参のスリッパでお願いいたします。

③座席は全て指定です。はがきに書いてある番号の席に座ってお待ち下さい。係の者の指示があるまでは、体育館

でお待ち下さい。
④9時40分に受付が終了になります。係が会場移動の指示をします。番号順に並んでいただき、各教室に入っていただきます。授業者の皆さんが準備をしていますので、ご協力下さい。記録用のビデオ撮影もされますので、ご了承下さい。
⑤会員の皆様が入場したあと、本校の保護者が入場しますのでご了承下さい。10時より公開授業Ⅰが開始されます。原則として教室間の移動はできません。最初に入場した教室でご覧下さい。
⑥10時45分、公開授業Ⅰが終了します。11時より公開授業Ⅱが体育館で開始されます。全会員が体育館に移動しますので、混雑が予想されます。安全に留意されて、体育館の自席にお帰り下さい。
⑦11時より谷先生の授業が開始されます。次いで11時30分より伴先生の授業が開始されます。その際、4の1、5の1の保護者が参観していますので、ご了承下さい。
⑧12時より昼食休憩になります。弁当を注文された方は、体育館後方で配布いたします。その際、はがきをお見せ下さい。引換券になっています。持参された方は、体育館の自席でお召し上がり下さい。湯茶の接待はありませんので、セルフでお願いいたします。
⑨子どもは各教室で給食を食べています。早めに昼食を終わられた会員の皆さんは、図書室、なのはな教室、高浜一小美術館を参観していただいて結構です。あわせて学校環境をご覧いただければ幸いです。
⑩1時より体育館で全体会を開始します。5分前には自席にお戻り下さい。
⑪16時に全体会が終了します。終了後、懇親会に参加される方は正門前にお集まり下さい。会場まで係がご案内します。徒歩で約15分です。懇親会は17時開始です。
⑫トイレは体育館だけでなく、校舎のトイレを使用されても結構です。できるだけ、体育館だけでなく校舎のトイレをご使用下さい。
⑬不明な点がありましたら、「日本教育技術学会　スタッフ」というオレンジの腕章をつけた事務局員がおります

ので、気楽に声をおかけ下さい。

⑭充実した研究会になりますようにご協力をお願いいいたします。皆様のお出でを心よりお待ち申し上げます。

第6章

私を鍛えてくれた子どもたち

「高浜第一小学校校長室便り」から

挨拶運動を推進してくれた子どもたちと

1　笑顔で挨拶のできる子どもに　始業式の挨拶　２００７・４・５　№１

平成19年度が４月５日から始まりました。高浜第一小学校の子どもには「こんな子どもになってほしい」と思っています。画用紙に「はまっこ」と書いてあります。

私は皆さんに「はまっこ」を目指して生活してほしいと思っています。昨年度までは「はりきって学ぶ子」でしたが、今年はそれにつけ加えて、「はりきって学ぶかしこい子」としました。ただ学ぶのではなく、かしこくなってほしいのです。

２つ目はまじめでやさしい子です。友達をいじめたりしないで、助け合うやさしい子どもになってください。

３つ目はつよくてたくましい子です。病気にならないで、健康な生活が送れる元気な子どもになってください。

最後は国際性豊かな子です。外国にいって活躍できるような立派な人間になってください。以上をまとめると「はまっこ」になります。

「はまっこ」になる簡単な方法があります。それは笑顔で挨拶のできる子どもになることです。

笑顔でいると幸せがやってきます。ハッピーになれるのです。

挨拶をしていると心が開き、幸せの鳥がやってきます。ハッピーになれるのです。笑顔で挨拶のできる子どもは、さらにハッピーになれます。

私はあしたからバラ門のところに立って、皆さんと挨拶を行います。挨拶をするときに「おはようございます」と言ってハイタッチをするようにします。

私の手のひらと皆さんの手のひらを合わせるのです。そうすると私のエネルギーが手のひらを通して、皆さんの中に入っていきます。

皆さんは手を合わせるだけでかしこくなり、やさしくなり、たくましくなり、国際性が豊かになります。結果として幸せになり、ハッピーになれるのです。

これから6年生の森祐介君と挨拶をしてみます。よく見ていてください。森君、ステージにあがってください。私とハイタッチをしながら「おはようございます」と挨拶をしてみましょう（拍手）。もう一度やります。

「森君、校長先生とハイタッチをしてどうでしたか。」

「あったかくて、柔らかかったです」

「そうです。校長先生の手はあったかくて、柔らかいです」

森君、立派にできました。森君に大きな拍手をしましょう。それでは明日からバラ門で待っています。校長先生の手が本当にあたたかく、柔らかいかハイタッチをしてください。

そして、笑顔で元気な挨拶をして、立派な「はまっこ」になってください。

2　感動が子どもを育てる　6年生を送る会の発表　2008・2・28　No.64

2月26日、6年生を送る会が開かれました。1年生から6年生まで各学年の発表はどれも素晴らしかったです。次のプログラムで行われました。

全員合唱　「つばさをだいて」
4年生　合奏　キャラバンは続く　雨ニモ負ケズ
2年生　浜っ子音楽隊「こぐまの2月」「泣いた赤鬼」
3年生　音楽劇「かさこじぞう」
休　憩　よさこいソーラン演舞
1年生　にほんごであそぼ＝高浜一小の巻＝

5年生　思い出のアルバム（ロッキーのテーマにのせて）

先生方

6年生　合唱「この星に生まれて」合奏「運命」（ベートーベン）

どの学年もしっかりと練習がなされ、当日の発表は生き生きとした表情、輝いた顔、力一杯の演技でした。在校生は6年生のお兄さん、お姉さんへの感謝の気持ちを込めて発表がされていました。演技の言葉や発表は何回も練習がされ、スラスラと言えます。しかも大きな声で、表現も豊かで見ている人にも伝わってきました。どの学年の子どもも集中力があり、見ている者を惹きつける魅力と内容がありました。

1年間の成長の跡が劇や合唱や合奏に滲み出ていました。特に1年生の発表は、4月に比べると格段の成長が伝わってきました。一人一人の子どもが大きく見え、発表には迫力がありました。

6年生の合唱と合奏も素晴らしかったです。特にベートーベンの「運命」は圧倒的な演奏でした。練習の時よりも数段よい演奏でした。聴いている人の心と体が感動で一杯になりました。高浜第一小学校の子どもの可能性を見せてくれました。

指導によって、ここまでできるのだということを証明してくれました。聴いていた子ども、先生方も、保護者の方々も感動することができました。

やればできるとよく言われますが、人の心を打ち感動させることのできる発表はなかなかできません。「こんな力があったのか」と具体的な演奏の形になって、初めて理解することができます。

感動が人を育てていきます。6年生の演奏が在校生にとって憧れとなり、「自分も6年生になったらあのような演奏がしたい」という願いをもてる内容でした。それが高浜第一小の伝統となっていきます。

保護者の皆様にもご参観いただき、感謝申し上げます。150名を超える皆さんにお出でいただき、子どもの発表を見てくれました。子どもも大きな励みになりました。

参観された方の感想をご紹介させていただきます。
○みんな頑張ってやっていたことに感動しました。６年生もこの日をわすれないでしょう。
○初めて最初から最後まで見させていただきました。みんな一生懸命で素晴らしかったです。ご苦労様でした。
○どの学年もとてもすばらしい発表でした。発表を見ている方たちもとても静かで、おちついた様子にびっくりしました。とても素敵な送る会でした。来年も来ます。
○６年生のベートーベンがすばらしかったです。どの学年も練習の成果がでていて素敵でした。
○どの学年もとっても素晴らしかったと思います。特に特に６年生の合奏がすごかったと思います。６年生の成長に涙が出ました。
○最初から見せていただいたのは初めてでしたが、とても感動的な会でした。
○みんな一生懸命やっていて、素晴らしかったです。
○全クラスとも練習の成果を発揮して、とても素晴らしい発表でした。

３　大丈夫、きっと幸せがやってくるから　２００８・６・１　No.12

５月30日の朝日新聞の朝刊に千葉ロッテマリーンズの今江敏晃選手が紹介されていました。「施設の子へ夢と希望を伝える」という内容でした。

５月20日の巨人戦（千葉）の前日に、千葉市内の施設を訪問されたという内容です。質問コーナー、ジャンケンゲームなどをした後、今江選手は次のことを語りました。

「みんな、必ず夢と希望をもって１日１日を過ごしてください。夢を持つ、希望を持つということはとても大切なことです。人生、いろいろな苦難は必ず訪れます。だけど、そんな時も夢と希望だけは持ち続けてください。そうすれば、必ず乗り越えられます。ボクがそうでした。だから、約束してください」

今江選手は、翌日のテレビの生中継が行われている巨人戦で、3安打2打点の活躍をしました。私もこのテレビ中継を見ていましたが、今江選手の前日の千葉市内の施設訪問は知りませんでした。

「だから、約束してください」というのは、「夢と希望だけは持ち続けてください」ということです。夢と希望を持ち続ければ、きっと幸せがやってくるのです。

「幸せ」は何もしなければ実現しません。「夢と希望」を持つことから始まります。今江選手は、その大切さを行動で示してくれたのです。

「今後もこういう活動は積極的に続けていくし、ボクの子どもも大人になったら、そういうことをしてほしい。それがボクの一番大きな夢なのです」と話しています。

私は、今江敏晃選手に高浜第一小学校にお出でいただきたいと思っています。本校の子どもたちにも「夢と希望」を持つことの大切さを伝えてほしいと願っています。

そして、「大丈夫、きっと幸せがやってくるから」というメッセージを今江選手の言葉で、伝えてほしいのです。「夢と希望」の大切さを直接自分の目と体で知ってほしいのです。

テレビで活躍する今江選手を応援するたびに、直接お話を聞いた感動がよみがえってきます。今江選手の活躍する姿を見るたびに、「大丈夫、きっと幸せがやってくるから」というメッセージが確認できます。

私も「夢と希望」を持って、生きていきたいと思っています。

4　全国の先生方が参観する　社会科フォーラムIN千葉　2009・2・7　No.41

2月7日（土）、本校で、社会科フォーラムIN千葉が開催されました。北は北海道から、南は沖縄まで、600名を超える全国の先生方が参観してくれました。日程は次の通りでした。

受　付　　9時30分

高浜第一小学校・授業展開　10時～10時45分
高浜第一小学校・1・2年発表　10時55分～11時05分
授業Ⅰ
　玉川大学准教授　谷　和樹先生　11時10分～11時55分
昼　食　12時～13時
授業Ⅱ
　文部科学省教科調査官　安野功先生　13時～13時45分
対談
北俊夫先生　安野功先生　14時～15時
シンポジウム　15時15分～16時45分
司会　樋口雅子先生（明治図書）
パネラー　北　俊夫先生（前文部科学省教科調査官：現国士舘大学教授）
　安野功　先生（文部科学省教科調査官）
　片上宗二先生（安田女子大学教授）
　明石要一先生（千葉大学教授）
　向山行雄先生（東京都中央区立泰明小学校長）
　谷　和樹先生（玉川大学准教授）

10時から本校の3年生以上のクラスで社会科の授業が展開されました。どの教室も参観者の先生方でいっぱいでした。ある教室には入りきれないほどの参観者がいました。

千葉市教育委員会からは飯森教育長、岩切学校教育部長、小池指導課長、小寺指導課主幹、橋本指導主事、

大久保指導主事をはじめ、前校長の宍倉善巳養護教育センター所長もおいでくださいました。
飯森先生は授業参観後、「子どもも先生方も大変立派でした。子どもが育っていて嬉しいです」と感想を述べてくれました。

1・2年生の音読と言葉遊びの発表は、参観者の先生方が涙を流すほど感動を与えました。よくこれだけ雨ニモ負ケズの詩を覚え、リズムに合わせたダンスが踊れたと話してくれました。「ここまで指導するのは大変だったでしょう」という声が聞かれました。

谷和樹先生、安野功先生の授業でも4年生、5年生の子どもが元気よく発表したり活動したりしました。初めて会った先生との授業で最初は緊張していましたが、途中からはリラックスして伸び伸びと学習ができていました。

4年生は安野先生との授業前に合唱も発表しました。それを聴いた参観の先生方は、美しい歌声に心を打たれたと話してくれました。多くの先生方がアンケートに高浜第一小学校の素晴らしさを書いてくれました。

○挨拶がきちんとできていて、気持ちがよかった。
○廊下、階段、教室がきれいで、掲示物もよくできていた。
○教室の子どもの姿勢がとてもよかった。背筋が伸びていた。
○発表がよくできていた。全員挙手をしているクラスがあった。
○子どものノートがきちんと書かれていて、学習の跡がよく分かった。
○授業ではモノが使用されていて、分かりやすかった。
○授業の中での資料が豊富で、子どもがよく理解できていた。
○ゲストティーチャーの方々のお話がとてもよかった。
○図書室の環境が素晴らしかった。

○受け付け、駅、道路、階段、廊下で案内する保護者の方が丁寧で親切だった。
○湯茶の接待があり、とても助かった。
○また、参観したい。

千葉大学の明石要一先生と文部科学省教科調査官の安野功先生、玉川大学准教授の谷和樹先生から、次のようなお便りが寄せられました。

□明石要一先生から

全国の社会科フォーラムin千葉、大成功ご苦労様でした。みなさんよく頑張りました。全国の人から賞賛の声を聞きました。高浜第一小学校の底力を見せた大会でした。それぞれが力を発揮されていました。1、2年生の発表には眼が熱くなりました。ある先生は涙がでたそうです。よくあそこまで鍛えました。教師力を見た気がします。

とにかく、千葉の公立小学校でこれだけの大会がもてたことが特筆に値します。「やればできる」ことを実証しました。皆さん、本当ご苦労さまでした。

□安野功先生から

「社会科フォーラムin千葉」の大成功、本当におめでとうございます。

仙台から参加した私の仲間が、「高浜第一小学校は、本当に社会科の研究を始めたばかりですか？　もし、それが本当だったら、それまでの研究や普段からの教育がすごいんですね」そう私に話していました。私もそう思います。

また、私の授業づくりにかかわって、亀田先生はじめたくさんの先生方のお力添えをいただきました。心より感謝・お礼申し上げます。自分としては、すごく楽しかったです。久々に教師に戻っていく感じ、充実感を覚えました。

来週もある学校の校内研究で授業をさせていただくことにしました。高浜小学校の先生方の素晴らしい授業、そして子どもたちの頑張りに……万歳！です。ありがとうございました。

□谷和樹先生から

ありがとうございました。根本先生の学校づくりから、全国の先生方が学ばれたことと思います。本当にかわいらしい、大竹学級の子どもたちのおかげで、楽しく授業をすることができました。

私にとって忘れることのできない、貴重な貴重な学びの一日になりました。このような機会を与えてくださったことに、感謝しています。

高浜第一小の先生方にも、もっとお礼を言いたかったのですが言えず、申し訳ありませんでした。どうか、よろしくお伝えください。

5 隠れた善意が人の心を打つ　全校集会でのお話　2009・2・25 №42

2月24日（火）、全校集会がありました。そこでよいことをした3人の子どもを誉めました。5年生の崔新君と6年生の佐藤浩一君、粕谷勇介君です。

崔君と佐藤君は22日の日曜日、3時頃、高浜1の8番地の前の道路で目の見えない老人に出逢いました。

「どうされたのですか」と2人は老人に聞きました。

「高浜2―○―○○○に行きたいのだが、自分の家が分からなくなったんです」

「それなら、家まで一緒に行ってあげますよ」

と言って、2人は家まで案内してあげたそうです。

2人の名前を聞いたあと、老人の方は「ありがとう。お礼にお小遣いをあげるよ」と言ってくれたのですが、2人は「結構です」と言って帰ってしまいました。

23日の月曜日、老人の方から学校に電話がかかってきました。

「高浜第一小学校の5年生にお世話になり、大変嬉しかったです。お礼をしたいので家に来るように連絡してください」と3度も電話をくれました。名前を調べると崔君と佐藤君でした。老人の方の話をして、放課後家に行くように伝えました。

24日の午前中に崔君と佐藤君の2人に、校長室に来てもらいました。

「老人の方の家に行ってきましたか」

「はい、タクシーでマリンピアまで行き、本を買ってもらいました。そのあと、バスで帰ってきました」

買ってもらった本を見せてもらいました。

「3月11日は私の誕生日だから、また家まで来てください」

と言われたそうです。とてもよい出来事だったので、全校集会で紹介しました。

6年生の粕谷勇介君は、時々チューリップ公園でゴミ拾いをしている女性の方のお手伝いをしているそうです。ある先生から報告を受けたので聞いてみると、時々手伝いをして、ゴミを拾っているそうです。

粕谷君は人に言われてやっているのではありません。黙ってゴミ拾いを手伝ってくれていたのです。

高浜第一小学校のお友達の中にも、人の心を打つ、よいことをしてくれているのを知り、大変嬉しくなりました。

6　子どもの豊かな感性を育てる校長室　校長室の環境づくり　２００９・５・20　№９

今週から、高浜第一小十ヵ条と「はまっこ」を暗唱してもらっています。校長室にきてもらい、１人ずつ暗唱し、できたら合格証をあげるのです。

待っている間、校長室をみて一番気に入ったところを言ってもらうようにしています。「校長室で一番印象に残ったのはどこですか」と聞きます。すると子どもからはいろいろな意見がでます。校長室の環境を紹介します。

①　絵の展示

入り口のドアを開けると右の掲示板に「雅月」という絵がかかっている。佐藤龍史氏の作品です。青色の山並みの上に月が出て、夜がまさに明けようとしている光景です。ドアを開けると自然に視線がいくように展示してあります。

「雅月」の反対側の壁には東山魁夷の「白馬の森」の複製画がかかっています。「雅月」の次に視線がいくように配置しています。「雅月」、「白馬の森」を見ることによって、心が落ち着き、気持ちが和みます。

壁の絵は、春は「花明り」、夏は「白馬の森」、秋は「秋彩」、冬は「冬華」とすべて東山魁夷の複製画です。校長室に入ってきた子どもの感性が豊かになるように展示しています。

②　学校教育目標を示す

次の視線は毛筆で書かれた学校教育目標の「心豊かで、共に学び合おうとする子どもの育成」にいくようになっています。そこには「こんな学校に」、「こんな子どもに」、「こんな教師に」という具体像が書かれています。子どもが暗唱した「はまっこ」の文章です。

どんな学校を目指しているかが端的に分かります。短い言葉で示されているので、子どもにも伝わります。

青の台紙に黄色の紙が貼られています。

③　学校の概要を掲示

学校教育目標の隣には学区地図、学級数・児童数一覧、校歌が掲示されています。開校以来の学級数・児童数一覧が示されているので、学校の変遷が分かります。

上段には開校以来の写真が年代ごとに掲示され、学校の歴史が理解できるようになっています。初めて本校を訪れた方には、そこに掲示された資料で説明しています。言葉だけでなく、地図、グラフ、写真などの視覚を通して、分かりやすくなっています。子どもはここに掲示されている航空写真が心に残ったと答えています。

④　窓辺に花を置く

ソファーに座った来客は、自然に明るい窓側に視線がいきます。窓辺には四季折々の花の鉢が置かれています。色も赤、白、黄色、橙と明るい感じの花が多く、春は蘭、夏は紫陽花、秋は菊、冬は桜草などを中心に置いています。

絵と同じように校長室の環境も四季に合わせて変えています。校長室に入ってきた子どもが、いつも心が洗われ、癒されるような雰囲気づくりをしています。入ってきたお客様や子どもが気持ちよく、また訪れたいと思う校長室にしています。保護者の皆様も一度校長室においでください。お待ちしています。

7　学校を美術館にする　後期始業式の話　2009・10・14　No.18

10月14日は後期の始業式でした。学校を美術館にするという話をしました。最初に絵を全校の子どもに見せました。

この絵は校長室に掲げてある絵で、日本画家で有名な東山魁夷さんの「秋彩」という絵です。東山魁夷さんは千葉県市川市に住んでいました。すでにお亡くなりになっています（黒板に大きく東山魁夷と書きました）。

それでは、この絵と文字は誰が書いたのでしょうか。誰も分かりませんか。皆さんのよく知っている方です。この体育館におります。そうです、大場昭子先生です。大場先生は音楽だけでなく、習字も得意な先生で大きな展覧会でも入賞されています。

どこに掛けてあるか分かる人いますか。皆さんのよく知っている場所です。職員玄関を入った事務室の横に掲げてあります。文字は何と書いてあるかというと、「山の畑の桑の実を小籠に摘んだはまぼろしか」という赤とんぼの一節です。

それでは大場先生、この絵と文字についてお話をお願いします。説明をしていただいたので、誰が描いて、どこにあるのかが分かったと思います。今日の帰りにみていってください。

次は、この2つの絵を紹介します。これを描いたのは6年1組の清水陽太君、6年2組の安住萌子さんです。壇上に上がって絵を持ってください。

清水君、とても良い絵です。どこに気をつけて描きましたか。「花壇を中心に描きました」

安住さんは、どこに気をつけて描きましたか。「きれいな花を中心にしました」

2人の絵は色彩もよく、描きたい物が中心にあり見る人の目を惹きつける作品です。

今度、大場先生にお願いして校内の掲示板に皆さんの習字の作品と絵の作品を掲示していくようにします。そして、画家の描いた立派な絵、先生方の作品、皆さんの作品を学校に展示して、学校を美術館にしていきたいと思っています。

皆さんには美しい物をみて感動できる心の豊かな人になってほしいと願っています。美しい物に心を打たれる感性の豊かな人間になってほしいと思っています。これからたくさんの絵や習字を展示していきますので、よくみるようにしてください。

8　雨ニモ負ケズの暗唱　1年生全員合格する　2010・2・10　No.27

2月10日、校長室で1年生が全員、雨ニモ負ケズの詩を暗唱しました。そして全員合格することができました。

担任の先生にいつ頃から練習を始めたのですかと聞くと、「1学期から始め、夏休みの宿題にしました。本格的には1月からです」と話してくれました。

合格すると一人一人の用紙に私の印を押し、日付けを書いてあげます。用紙を見ると練習した回数がチェックしてあります。多い子どもは43回も練習しています。どの子どもも淀みなく、スラスラと言えました。

今までの学年よりも上手に暗唱できました。「こんなにもできるのか」と感動いたしました。担任の先生の感想を紹介します。

　長時間にわたり、暗唱を聞いてくださりありがとうございました。どの子も張り切って練習に励み、発表する日を楽しみにしていました。1―1のAさんやBさんは10月の発表では「こっつんこ」という短い詩が覚えられず、おまけをもらっていたのですが、Aさんは半分まで言え、Bさんは全部できました。

1―2では、前日まで危ぶまれていたCさんが友達の力を借りながら、最後の力を振り絞り、全部言うことができました。

そして、暗唱が終わった後、「上手に発表ができたね。君の夢は何ですか？　○○○ですか。君なら、きっと夢が叶うよ」とおっしゃってくださった校長先生の一言を教室でも話していました。大きな自信につながったようで、校長先生が言ってくれたから、本当に夢が叶うと信じていました。

まだ、学習課題「おサルが船を描きました」が残っております。子どもたちも、次の挑戦に向けて張り切っています。お忙しい中ですがよろしくお願いいたします。

1年生の暗唱する力に驚きました。高学年の子どもよりも1年生の子どもの方が物覚えがよいことが分かりました。これからも高浜一小名文１００の暗唱を続けてほしいです。そして、詩の好きな子どもになってほしいです。

9　全国から1133人の教師が参加　基礎学力を保証する授業研究会ーN千葉　2010・2・20　No.29

2月20日、本校で第5回基礎学力を保証する授業研究会が、本校を会場にして行われました。北は北海道から南は沖縄まで、全国の先生方１１３３人が参観されました。

第一校時は本校の保護者参観です。２１５名の保護者の皆さんが参観されました。10時からは教育技術学会の皆さんが、各教室で授業を行いました。

各教室には80名から１００名の先生方が参観し、ある教室は入りきれないほどの先生方がお出でになりました。群馬県前橋市の先生は、次のお便りをくださいました。

「高浜第一小学校の立派な授業公開たいへんありがとうございました。すばらしい子どもたちが生き生きと学習し、見事に発表しておりました。図書室もロビーも絵、書道もみな素晴らしく、菜の花畑のように温かい学校でした。整然とした温かい案内をしていただき、感激いたしました。本当にありがとうございました」

授業の様子は12時10分からのＮＨＫニュースでも放映されました。3年生の道徳の授業、6年生の英語の授業の様子が紹介されていました。子どもが生き生きと発表したり活動したりしている様子が、短い時間の中でまとめられていました。

ＮＨＫ総合テレビだけではなく、ＮＨＫＢＳテレビ、ＮＨＫラジオ第一放送でも同じ時間帯に流されました。ニュースを見たり聞いたりしたという連絡が、他県の方や千葉市の校長先生からもありました。

千葉日報でもカラーの写真入りで紹介されました。「英語の授業は、参観の先生たちも巻き込み、ゲーム形式を取り入れながら楽しく展開。島根県から参加した教諭は『授業が進むに従って、子どもたちが会話を習得、自信を持って取り組むようになった』と話していた」という記事を紹介していました。

保護者の皆様にも早朝より参観していただき、感謝申し上げます。この研究会をもとにさらによりよい学校にしていきたいと思っています。今後ともよろしくお願いいたします。

あとがき

38年は長いようで短かった。振り返ってみると多くの出来事があった。定年退職を機に、今までの歩みを一冊にまとめた。まとめる中で、私の追求してきたものが何であったのかを再確認したいというのが、執筆のねらいである。

新任以来、授業記録、実践記録を書いてきた。記録をする中で実践を振り返り、研究を深めてきた。多くの記録の中から、私が後世に残しておきたいと思う実践を選び、まとめた。

第1章では、世界に通用するよさこいソーランについて書かれている。私の実践が世界に通用した様子をまとめた。TOSSの教育に学びながら今日までやってきた。TOSSの理論と実践が世界に通用したのである。国は異なってもよさこいソーランを踊る子どもの瞳は輝いていた。力一杯踊る姿には、命の輝きが見られた。指導する教師も輝いていた。

第2章は逆上がりの実践である。3年生を担任したときである。全員逆上がりができるようになった。それが私の教育の原点となった。

指導によって、子どもの可能性が実現することを学んだ。運動の原理と方法によって、誰もができるようになることをまとめてある。

第3章では、授業づくりについて書かれている。授業記録をとり、授業分析を通して授業の腕を高めてきた。自分の実践の評価を求めて、授業記録を多くの雑誌に投稿した。何度も投稿し、初めて掲載された時の論文を掲載してある。

教育技術の法則化運動が私にとっては決定的な出会いとなった。向山洋一氏との出会いによって、多くの論文を書き、多くの雑誌に執筆し、著書をあらわすことができた。

第4章は学級経営の実践である。教育は最終的には人づくりである。人づくりができるのは授業も含めた、学級経営である。

38年間の中で、一番思い出に残っているのは新任の学校で受け持った子どもとの実践である。そのときの一人一人の子どもの顔が、今でも鮮明に浮かんでくる。

第5章は学校づくりである。校長として学校づくりにどんな関わりをもったのか、どんな方法で行ったのかが示されている。その中で子どもが、教師がどのように育ったのかがまとめられている。

第6章では、校長として発行した「校長室便り」が紹介されている。私を鍛えてくれた子どもの姿がまとめられている。多くの方々に読んでいただき、実践に生かしていただければ幸いである。

本書をまとめるに当たり、ＴＯＳＳ代表の向山洋一氏、学芸みらい社の青木誠一郎氏には大変お世話になりました。厚くお礼申し上げます。

平成23年1月15日

根本正雄

【著者紹介】

根本　正雄（ねもと　まさお）

昭和24年茨城県生まれ。昭和47年千葉大学教育学部卒業。
千葉市立更科小学校教諭（昭和47年4月～昭和50年3月）
千葉市立寒川小学校教諭（昭和50年4月～昭和57年3月）
千葉大学教育学部附属小学校教諭（昭和57年4月～昭和63年3月）
千葉市立更科小学校（昭和63年4月～平成3年3月）
千葉市立稲毛小学校教諭（平成3年4月～平成7年3月）
千葉市立千城台北小学校教頭（平成7年4月～平成10年3月）
千葉市立あやめ台小学校教頭（平成10年4月～平成13年3月）
千葉市立弥生小学校教頭（平成13年4月～平成17年3月）
千葉市立蘇我小学校教頭（平成17年4月～平成18年3月）
千葉市立都賀小学校教頭（平成18年4月～平成19年3月）
千葉市立高浜第一小学校校長（平成19年4月～平成22年3月）

TOSS（教育技術の法則化運動）の向山洋一代表の理念に賛同しTOSS体育授業研究会の代表、および月刊『楽しい体育の授業』（明治図書）編集長を務める。「根本体育」の提唱者であり誰でもできる楽しい体育の指導法を開発し、全国各地の体育研究会、セミナーに参加、普及にあたっている。

【最近の活動状況】

平成22年10月　大阪読売テレビ「大阪ほんわかテレビ」逆上がりの指導出演。逆上がりのできない5年生女子を1週間でできるようにする。
平成23年2月　大阪朝日テレビ「探偵！ナイトスクープ」立ち幅跳びの指導出演。5cmしか跳べなかった44歳の女性を143cm跳ばせる。
平成23年3月　テレビ朝日「お願い！ランキング」関ジャニ∞の鉄棒仕分けに出演する。関ジャニ∞の鉄棒演技を見て運動神経を仕分けする。
など、マスコミなどにも登場し、話題をよんでいる。

【代表的な著書】

□『わかる・できる「根本体育」の基礎・基本』シリーズ（明治図書）1985年
□ 誰でもできる楽しい体育（明治図書）1985年
□ 楽しい学習活動のさせ方（明治図書）1985年
□ 誰でもできる楽しい体育Ⅱ（明治図書）1986年
□ さか上がりは誰でもできる（明治図書）1986年
□ 楽しい授業づくりの法則（明治図書）1987年
□ 体育科発問の定石化（明治図書）1987年
□ すぐれた体育授業のモデル化（明治図書）1988年
□ 体育授業に使える面白クイズ（明治図書）1989年
□ 続・体育科発問の定石化（明治図書）1989年
□ 体育科指導案づくりの上達法（明治図書）1989年
□ 体育科新指導要領の本当の読み方（明治図書）1989年
□ 法則化楽しい体育の指導技術　小学１年（明治図書）1990年
□ 法則化楽しい体育の指導技術　小学２年（明治図書）1990年
□ 法則化楽しい体育の指導技術　小学３年（明治図書）1990年
□ 法則化楽しい体育の指導技術　小学４年（明治図書）1990年
□ 法則化楽しい体育の指導技術　小学５年（明治図書）1990年
□ 法則化楽しい体育の指導技術　小学６年（明治図書）1990年
□ 指示の技術（明治図書）1991年
□ 写真で見る体育授業テクニカルポイント⑴「かかえ跳び込み」の指導技術（明治図書）1992年
□ 体育科「関心・意欲・態度」の評価技法（明治図書）1993年
□ 体育授業づくり全発問・全指示１　体育授業技術入門（明治図書）1993年
□ 体育授業づくり全発問・全指示８　マット運動（明治図書）1993年
□ 体育授業づくり全発問・全指示10　跳び箱運動（明治図書）1993年
□ 教師生活の条件（明治図書）1994年
□ 習熟過程を生かした体育指導の改革（明治図書）1997年
□「体育授業の法則化」で授業が変わる（明治図書）1997年
□ 一流スポーツ選手が残した名言・名句61（明治図書）1998年
□ 一流選手を育てた“指導の言葉”名言・名句55（明治図書）2000年
□ 授業に使える「体ほぐし」48選（明治図書）2000年
□ 体育の達成目標と授業改革　低学年（明治図書）2003年
□ 体育の達成目標と授業改革　中学年（明治図書）2003年
□ 体育の達成目標と授業改革　高学年（明治図書）2003年
□ １週間でマスターできる体育教科書シリーズ⒇『“頭跳ね跳び”新ドリル』（明治図書）2004年
□ わかる・できる「根本体育」の基礎・基本　第１～10巻（明治図書）2005年
□ “学校づくり”をメインにした新しい授業システムの指導（明治図書）2010年
□ “食育”をメインにした新しい学級活動の指導（明治図書）2010年
□ “体力つくり”をメインにした新しい学校行事の指導（明治図書）2010年

「教育を伝えるシリーズ」について

学芸みらい社は、「学問」「芸術」「教育」「創作」をはじめ「人生そのもの」までも、未来に向けて伝えていくことを使命とする出版社として出発しました。

とりわけ「人を育てる」という教育の世界においては、教師経験者たちの「教育への熱意や志」、また「優れた教育実践や貴重な経験」、そして「何十年にわたる教師人生の足跡」という財産を、一冊の本という形にして伝えていくことはこの上なく大切なことと信じます。この「教育を伝えるシリーズ」に、一人でも多くの教育実践者たちのご参加をいただき、教育界に残すべき大切な「財産」を、次に続く教師たちのために、そしてまたご自身のために、末永く伝えていかれますことを願ってやみません。

本シリーズ参加に関心のある方がたからのご連絡を、心よりお待ちしています。

学芸みらい社（連絡先：下記）

世界《せかい》に通用《つうよう》する伝統文化《でんとうぶんか》 体育指導技術《たいいくしどうぎじゅつ》

2011年4月15日　初版発行

著　者　根本正雄《ねもとまさお》

発行者　青木誠一郎

発行所　株式会社 学芸みらい社

〒162-0833 東京都新宿区箪笥町43番 新神楽坂ビル1F

電話03-5227-1266

http://www.gakugeimirai.com/

E-mail：info@gakugeimirai.com

印刷所・製本所　藤原印刷株式会社

装　丁　荒木香樹

落丁・乱丁本は弊社宛お送りください。送料弊社負担でお取り替えいたします。

ISBN978-4-905374-00-8 C0037